『同一条河流』系列丛书

泗水边的《大学》

许辉 著

全国百佳图书出版单位
时代出版传媒股份有限公司
黄山书社

图书在版编目(CIP)数据

泗水边的《大学》/ 许辉著.—合肥:黄山书社,2018.12
ISBN 978-7-5461-8110-3

Ⅰ.①泗… Ⅱ.①许… Ⅲ.①儒家②《大学》-研究
Ⅳ.①B222.15

中国版本图书馆 CIP 数据核字(2019)第 005191 号

泗水边的《大学》
Si Shui Bian De Da Xue

许辉 著

出 品 人 王晓光
责任编辑 朱莉莉 常舒雅
责任印制 戚 帅 李 磊
装帧设计 观止堂_未氓
出版发行 时代出版传媒股份有限公司(http://www.press-mart.com)
黄山书社(http://www.hspress.cn)
地址邮编 安徽省合肥市蜀山区翡翠路 1118 号出版传媒广场 7 层 230071
印 刷 安徽联众印刷有限公司
版 次 2019 年 5 月第 1 版
印 次 2019 年 5 月第 1 次印刷
开 本 700mm×1000mm 1/16
字 数 200 千
印 张 10.5
书 号 ISBN 978-7-5461-8110-3
定 价 29.80 元

服务热线 0551-63533706
销售热线 0551-63533761
官方直营书店(https://hsss.tmall.com)

目录

原文与读悟

第一章
儒家的修身养性与政治人格

本章为本文总纲，共列出三纲领、八条目。三纲领为：明明德、新民、止于至善。八条目是：格物、致知、诚意、正心、修身、齐家、治国、平天下。

【原来文】

大学之道，在明明德，在亲民，在止于至善。知止而后能定，定而后能静，静而后能安，安而后能虑，虑而后能得。

物有本末，事有终始。知所先后，则近道矣。

古之欲明明德于天下者，先治其国；欲治其国者，先齐其家；欲齐其家者，先修其身；欲修其身者，先正其心；欲正其心者，先诚其意；欲诚其意者，先致其知。致知在格物。

物格而后知至，知至而后意诚，意诚而后心正，心正而后身修，身修而后家齐，家齐而后国治，国治而后天下平。

自天子以至于庶人，壹是皆以修身为本。其本乱而末治者，否矣。其所厚者薄，而其所薄者厚，未之有也。

【大白话】

大学的原则，在于弘扬光明正大的品德，在于使人汰旧布新，在于使人到达最完善的境界，明白应该到达的完善境界后才能确定志向，确定志向后才能心静若水，心静若水后才能安定无躁，安定无躁后才能潜心思考，潜心思考后才能有心得收获。

万物都有根本枝末，诸事都有结束开始。知道事物的先后顺序，就接近事物的规律了。

古代打算在天下弘扬光明正大品德的人，先要治理好自己的国家；打算治理好自己国家的人，先要管理好自己的家族、家庭；打算管理好自己的家族、家庭的人，先要修养自身；打算修养自身的人，先要端正自己的心态；打算端正自己心态的人，先要诚心诚意；打算诚心诚意的人，先要增长知识见解；打算增长知识见解的人，先要探明事物的道理。

探明了事物的道理就能掌握知识，掌握了知识就能诚心诚意，诚心诚意了就能心态端正，心态端正了就能修养自身，修养自身了就能管理好家族、家庭，管理好家族、家庭了就能治理好国家，治理好国家了就能使天下太平。

从天子到老百姓，都要把修身养性当作根本。修身养性没搞好却想要齐家、治国、平天下，这是不可能的。厚待的反得到薄报，薄待的却得到厚报，从来没有这样的事情。

【音与义】

大学，古代高等学府，与小学相对；南宋朱熹说：“大学者，大人之学也”，或为小孩子的对应，小学教小孩子洒扫、进退、应对之节，礼乐、射御、书数之文，大学则教已经长大了的相对优秀的青年人穷理、正心、修己、治人之道；朱熹又说：“大学之书，古之大学所以教人之法也”，这是把大学当作教人的一种方法来看待了；其实两者也不矛盾，大学是教大人的，教大人就不能用教小孩子的方式方法及内容。明明德，前一个明为动词，使动用法，意为“使……明白、知道、明亮、彰显”；明德，光明的德行；依全文潜在前提，此德行既是好的、正面的、昂扬向上的，也是原来具备的、天生就有的。亲民，使人扬善除恶、去旧从新；亲，由上下文看，或为新，更新汰旧，除旧布新；亲，又或为亲，唐孔颖达释为亲爱于民，明王阳明说：“故明明德必在于亲民……是故亲吾之父，以及人之父……亲吾之兄，以及人之兄……以至于山川鬼神鸟兽草木也”，这就是亲近、亲密的意思了。至善，最善，不能再善了。知止，明白、知道、懂得止于至善的道理。静，不妄动，无杂念。安，安详。虑，思虑，思考。得，获得，收获。本末，根本与末梢；本，根株为本；末，枝梢为末。道，最高的道德，或最高的道理。国，诸侯治理的地方。齐，齐心协力，引申为管理，治理。家，家族，原指卿大夫封地上的血缘亲族，包括家庭。诚其意，使自己的意念真诚、诚恳。致知，达到无所不知的地步或程度；致，推向极致；知，知识。格物，探究或深究事物，又有说格物即摒除物欲，格为摒除义；格，探究，深究，穷究；物，事物。平天下，使天下太平；平，使……太平、平安；天下，所有的地方。庶人，原指农业劳动者，后泛指无官位的平民、普通人、老百姓；庶，音 shù 树。壹是，一律，一概。厚，重视。薄，轻视。未之有也，从来没有。

【淮北佬读悟】

读《大学》，如读格言警句，一句一句的，都可以单独拎出来，添些“香油佐料”，发挥发挥，就变成一碗碗“鸡汤”了。

但是，“鸡汤”厨师们似乎并不钟情于《大学》，不知道为什么。我臆测，这其中的原因，一方面是《大学》太短，南宋朱熹数过的，一共只有1546字，发挥的余地不大；另一方面，《大学》的内容从微观，到中观，从中观，又到宏观，牵涉理想、政治、人格、价值、道德、品性、心性、家庭、独处，内容过于“庞杂”，内蕴过于繁复，做“鸡汤”不好下手，有可能事倍功半，出力不讨好，出工不讨巧；再一方面，《大学》虽然字数不多，但很有条理，很有层次，很有逻辑，很有深度，这就为“鸡汤”的调制出了难题，因为所有的“鸡汤”都不能太理智、太有条理，不能有太多的思考，读者一理智，一有条理，一思考，“鸡汤”就可能变味，那就得不偿失了。

《大学》原为《礼记》的第四十二篇，宋儒程颢、程颐兄弟将这一篇拎出，编出章句，朱熹又将它归为“四书”之一，从此本文便独立成书了。儒家经典一般包括经、传、记，经是经典，是重大思想或座右铭，传是对重大事件或人物的解释，记是记载、记录，它们之间的重要性是由经至记递减的。《礼记》起初并不重要，自东汉经学家郑玄将《仪礼》《周礼》和《礼记》合并为《三礼经》后，地位逐步上升，成为儒家经典之一。《礼记》据说是西汉礼学家戴圣根据先秦相关文献材料整理编著而成，主要记载先秦礼制、礼仪、礼节，兼及先秦儒家哲学、教育、社会、政治等，因此称《礼记》，或《小戴礼记》《小戴记》，是一部重要的儒家思想的资料汇编。

唐朝的韩愈对《大学》的经典化起到了重要作用。东汉佛教引入中国后，影响越来越大，为了弘扬儒道，树立儒家思想在中国社会中的正统地位，佛教成为韩愈的假想敌，韩愈要以《大学》所提倡的“修身、齐家、治国、平天下”的个人社会思想来应对佛教只讲个人修身养性的思想。韩愈在《原道》一文中提出的道统论，是韩愈作为儒家传承者的重大贡献。所谓道，由于先秦诸子各言其道，而各家道的含义并不相同，所以韩愈的道，便特指儒家之道，这是把儒道推为中华正道的重要举措，也是对佛家和道家的刻意贬斥。当然，韩愈的重点是佛家，因为佛家是外来思想，道统说正是建立在与外来思想相抗衡的当时社会现实基础上的。而道家思想还是中华思想的一部分，韩愈在《师说》中又说：“圣人无常师。孔子师郯子、苌弘、师襄、老聃”，孔子也向老子学习，这是就广纳百家而言的。

韩愈所谓的道统，就是儒家的传道系统。韩愈在《原道》中说：“尧以是传之舜，舜以是传之禹，禹以是传之汤，汤以是传之文、武、周公，文、武、周公传之孔子，孔子传之孟轲；轲之死，不得其传焉。”韩愈把古代伟大而形象正面的帝王、名人都说成是儒家的英雄祖先，在孔子之前是帝王，在孔子之后是平民。就儒家思想的推行而言，孔子之前用权力推行，孔子之后则以教育、思想、约定俗成和制度实施。

本章为《大学》总纲，列出全文所有要谈的主题，以便后文发挥、解说；或者说，后面所有十章的文字，都是对此章的解说和阐释。按照朱熹的说法，《大学》的这第一章，共三纲领、八条目。三纲领是明明德、新民、止于至善，八条目是格物、致知、诚意、正心、修身、齐家、治国、平天下。朱熹认为，这一章是孔子说的话，并由孔子学生曾参（音 shēn 申）记录下来，因而这一章是经文，即所谓经典文章；此章以下的十章，则都是曾子对孔子语录的解释、解说，这些解释、解说的文字，就叫传（音 zhuàn 撰）文。

本章列出的因果、源流链条，由宏观到微观，由表面到内心，或由微观到宏观，由内心到表面，都是一种次第而来的意思。这是很有道理的，说明所有事物，都不只有表面，也不仅有内心，内心会由表面表现出来，表面只因内心所思所想。

这些因果、源流，表面顺序是物格—知致—意诚—心正—身修—家齐—国治—天下平，或者天下平—国治—家齐—身修—心正—意诚—知致—物格，可在我看来，这些因果、源流链通通可以打乱乱组，或只取其中一二链条，即可组成因果关系，不一定非得环环相扣，缺一不可。例如，意诚的人可以治国，却未必治得好家；心正的人可以身修，却不一定知致。当然，治国、平天下现在可宽解或理解成，为国泰民安、天下和谐做出自己应有的贡献即可。

因此我想说，诚意、正心、修身、齐家、治国、平天下等等说辞，都是儒家的理想景致，并非我们眼见的社会现实。在现实世界，我们常常看到有人能把国家发展得十分强大，修养很好的人也不见得能管理好一个小小的单位。儒家追求完美，追求理想人格，或完美人格。明明只做到其中一项、两项或三项即可治国平天下，儒家却要求做到十全十美：既要格物，也要致知；既要致知，也要诚意；既要诚意，也要正心；既要正心，也要齐家；既要齐家，更要治国平天下。如果能治国却不能齐家，那是失败的；如果能齐家，却不能治国，那也是失败的，因为治国平天下才是大业和正业。

虽然文内也强调，天子、百姓都要把修身当作根本，但这仍然不能改变《大学》传统的完全的男性视角。《大学》的目的，是培养政治人才，是治国平天下。也就是说，《大学》谈论的并非修身养性，安然做人，《大学》是一个政治教材，是一个彻底的政治人格文本。儒家在《大学》里谈论的格物、致知、诚意、正心、修身、齐家，最终目的不是为了管理好家庭，不是为了修养自身，不是为了意诚、心正，而是为了治国、平天下。因此一般古代女性对这篇文章不感兴趣，也在情理之中。

我宁愿认为《大学》时代的“官本位”是一个处于上升通道中的开创性概念，而后世的“官本位”是一个以偏概全的概念。在儒家特别是后世儒家的心目中，治国平天下的能力才是最上等的能力，其他的能力都次于治国平天下的能力。像任何道理一样，这一道理有它的优势与合理性，也有它的劣势与缺陷。

如果我们知道这样理解儒道释文本中的高大上，即这些文本中的道理都只是一种可望而暂且难及的理想景致的话，我们就不再会觉得《老子》《论语》《孟子》《庄子》《中庸》《墨子》《管子》《荀子》等文本乏味和晦涩难懂了，我们读它们的态度也就端正了。它们都是人类社会的理想标杆。没有它们，我们活着不过如飞禽走兽；有了它们，我们才有一个永无止境的很好的奔头。

第二章
彰显美好的德行

本章对明明德作了阐释。

【原来文】

《康诰》曰："克明德。"《大甲》曰："顾諟天之明命。"《帝典》曰："克明峻德。"皆自明也。

【大白话】

《尚书·康诰》说："能够彰显美好的德行。"《尚书·大甲》说："念及天赋的光明禀性。"《尚书·帝典》说："能够弘扬崇高的美德。"以上这些话，都是自明己德之意。

【音与义】

《康诰》，《尚书》中的篇名，内容为周公对康叔的训示；《尚书》为我国最古老的史书，以记言为主；诰，音 gào 告，古代帝王给臣子的命令；古代帝王对臣子或下属的训令分多种，平常的训令称诰，训令将士的称誓，告诫臣子的称命。克，能够。明，彰显。《大甲》，《尚书》中的篇名；大，音 tài 太。顾，顾念，念及。諟，同是，代词，此。明命，即明德，光明的德行。《帝典》,《尚书》中的篇名。峻，大。

【淮北佬读悟】

在第一章经文上多下些功夫，弄清了第一章并不难懂的意思后，后面的十章传文，我觉得就不那么重要了，就可以偷懒不学了，甚至都可以忽略不计了。因为假如以下十章真是曾子对孔子原话的解读，那我们还是认孔子的原典好了，毕竟孔子的知名度和重要性比曾子高，我们到外面说孔子，大家都知道，而我们到外面说曾子，知道的人就要大打折扣了，虽然曾子也很有智慧，也说出过“吾日三省吾身：为人谋而不忠乎？与朋友交而不信乎？传不习乎？”那样经典的话。另外，假如以下十章甚至还不是曾子说的，还只是一个“枪手”写的，那我们就更可以不重视了，更没必要在那里浪费精力和时间了。

事情往往就是这样。例如孔子说的那些经典的话，大多都简洁易懂，也都言简意赅；而才气不够、智慧贫乏的后儒，为了弥补才情的不足，于是就拼命引经据典，故意弄得晦涩不堪，来掩盖自己的缺欠，而且必定要在收尾处把晦涩不堪弄到极致，仿佛是有意要给人留下一个最终深奥的印象似的。例如《大学》后面多章传文并最后一章传文，都符合这个规律；《中庸》也如是，到最后极端地变本加厉了；《论语》的最后一篇也略有这种嫌疑，也许《论语》是个无意的开端，后儒则是受了《论语》开创后的启发。

汉语（口语与文字）发展无数年来，由于地域、族群、民俗、政治、经济、迁徙、饮食、方言等原因，总会发生读音和写法的变化，有的变化得大些，有的变化得小些，有的可能压根儿就没有变化。但变化是常态，不变只是例外。它变就变了，可对后人来说，年代久远，要认得它，读得它，就会产生许多困难与困惑。可人类又总是有股格物致知、“自寻烦恼”的牛劲，总是想解决这些认得与读音的问题的，越是认不得念不得，越是固执钻牛角尖地去寻解，由此便会产生更无尽的麻烦与苦恼。当然，这种状况只会一直延续下去，并且永远无法得到彻底解决。

例如，大学这两个字该怎么念？学，似乎没问题，大，就容易叫人蒙圈。宋儒朱熹说：“大，旧音泰，今读如字。”意思是说，大这个字，以前念泰这个音，现在就念这个字本来的音好了；或者说，大这个字，以前念泰这个音，现在就念这个字当下的音好了。大学就是大（dà）学，不是泰学。这个问题倒是解决得好，简单明了。可是，朱熹以来，又八九百年过去了，这期间不少汉字的读音又发生很多变化，学者们的研究又出现许多收获，人们也会对语言文字的读写作出一些规定，这些新旧知识积累起来，都会给人们的学习带来很多负担。还有《论语》中“仁者乐山，智者乐水”、本文第八章中“有所好乐”的乐，都是喜爱、喜欢的意思，但读音到底怎么读呢？是读现在普通话的音快乐的乐（lè），还是读普通话的音音乐的乐（yuè），还是读古音乐（yào）？真叫人头疼。

如果在公众场合碰到古书读音这些问题，到底该怎样解决呢？到底该采取一种怎样的方式方法和原则呢？我的办法是，如果有可能有条件有时间，就把你所知道的关于这个字的知识都说出来，这样最全面无遗漏，此为上策；如果无可无不可，则视情况有选择地简单解释古字古音古义，此为中策；如果无可能无条件无时间，则直读多数版本认同的读音，此为下策；但如果有可能有条件有时间而只是无把握，那么只得放大招完全回避这些容易念错容易引起问题或歧义的古文古字，此为无奈之策。如此循环不已。有此几柄利刃在手，就有可能无往而不胜了。

第三章

每一天都要除旧布新

本章对新民作了阐释。

【原来文】

汤之《盘铭》曰："苟日新，日日新，又日新。"《康诰》曰："作新民。"《诗》曰："周虽旧邦，其命维新。"是故君子无所不用其极。

【大白话】

商汤刻在澡盆上的铭文说："如果这一天能够涤旧出新，那么就要每一天都涤旧换新，还要像这一天和每一天一样都涤旧换新。"《尚书·康诰》说："鼓励人们自新。"《诗经·大雅·文王》说："周虽然是个老旧的国家，却仍能禀承天命，不断出新。”因此，君子为求新会尽力而为。

【音与义】

汤，商朝的建立者。盘铭，刻在沐浴大盆上的文字；盘，此指商汤沐浴用的大盆；铭，刻在器皿上的文字。苟，假如，如果。新，自新，变化，进步。作，鼓励，激励。旧邦，旧的国家。命，天命。维，语助词。极，尽。

【淮北佬读悟】

无所不用其极，即行动前的准备，要穷尽所有的可能——这或是君子无所不用其极的一个现代解说。

但如何知道已经无所不用其极了，是难办的事情。军队要打仗，而且还要打胜仗，因为养一支军队十分不易，要花很多钱，有时候看到关于一枚导弹值很多钱的消息，心里不由就要算一笔账，这么多钱可以买一套大房子，可以买一套大别墅了呀，军队可真“烧钱”。但军队又不可以不养，不养军队，你买了房子有可能是替别人买的，你聚了财产有可能是替别人聚的，你生活的地方到头来可能成为别人生活的地方。虽然养军队贵了一些，可不养军队可能更贵，贵得让你付不起，贵得你肉疼，贵得你心疼。所以养一支军队就是要准备打仗的，而且是得打胜仗的，打不了胜仗也就白养了。但有时候让人费解的是，养军队就养了，导弹、战舰、战机、雷达，该造就造吧，可为啥还要花巨款养那些网络兵、造那些侦察机、布设那些水下传感器？其实，这些东西看上去没啥用，却都是为无所不用其极而准备的。没有这些眼睛、耳朵、触觉、头脑，没有这些即时的消息和情报，你就没法知道你是否用其极了，没法知道用其极到何种程度了，没法知道还要用多少力才算用其极了。当然，我们可能永远无法知道我们在一件事上是否无所不用其极了，但我们必须努力地在一件事情上用其极，我们必须努力地知道我们在一件事情上用其极到了怎样一个程度。

新至少有两义，一义是除旧布新，一义是脱旧创新。除旧布新是去除旧的，安排新的；脱旧创新，是由旧的里面生发出前所未有的新事物，即所谓脱颖而出。两者内容有不同，但都有更新换旧的意思。前些时候到浙江湖州地区采风，总是见到有漾字的地名，请教多位当地文化界人士，知道当地地名里的这个漾字，指的是地表类似大池塘或小湖的水体，较大的湖不叫漾，河流也不叫漾，小池塘一般也不叫漾。漾的一个最能够指标化的标准，就是它必须有活水流入、流出，没有活水流入流出的较大的池塘或小湖，也不能称漾。可见漾是除旧布新的活标本。

从活水入出这个意义上看，中国文化一直是一个“漾”。当然中国文化是一个大湖、大海，而不是一个小湖，更不是一个池塘。说中国文化是个“漾”，是说中国文化一直是活水入出的。先秦时期以中原文化为核心，核心与周边不断吸纳与整合，到秦汉唐宋元明清，汉民族与整个亚洲东部大陆各民族间文化持续交融，这都是一个漾吐故纳新的标准过程。19 世纪中叶以后有些人陷入自我怀疑的怪圈，这一方面固然由于在硬实力支撑的西方外来文化面前显得羸弱；再一个方面是生活在这个文化中的人由于除旧布新或脱旧创新速度慢而产生审美疲劳。从宏观角度看，中华文化这个漾不缺少除旧布新的能力。在这种背景下，一百多年前对中国传统文化加强力道的除旧布新，实际上是强化一种文化漾的功能的过程。活水漾并没有变成死水塘。漾本身并非优质的水、湿生和水生植物、停留在荻花上的翠鸟以及漾风景的阻碍，没有漾，这些美丽都将不存在——阻碍这整个风景的是杂乱无章、良莠不齐、水体污染和垃圾遍漾。

第四章 要知道何处为事物的终点

本章对止于至善作了阐释。

【原来文】

《诗》云：“邦畿千里，惟民所止。”《诗》云：“缗蛮黄鸟，止于丘隅。”子曰：“于止，知其所止，可以人而不如鸟乎?”

《诗》云：“穆穆文王，於缉熙敬止!”为人君，止于仁；为人臣，止于敬；为人子，止于孝；为人父，止于慈；与国人交，止于信。

《诗》云：“瞻彼淇澳，菉竹猗猗。有斐君子，如切如磋，如琢如磨。瑟兮僩兮！赫兮喧兮！有斐君子，终不可諠兮!”“如切如磋”者，道学也；“如琢如磨”者，自修也；“瑟兮僩兮”者，恂栗也；“赫兮喧兮”者，威仪也；“有斐君子，终不可谊兮”者，道盛德至善，民之不能忘也。

《诗》云：“於戏，前王不忘！”君子贤其贤而亲其亲，小人乐其乐而利其利，此以没世不忘也。

【大白话】

《诗经·商颂·玄鸟》说：“国都方圆千里，都是百姓居住的地方。”《诗经·小雅·绵蛮》说：“鸣叫着的黄鸟，栖息在山丘的一个角落。”孔子说：“鸟都知道停留在什么地方，难道人还不如鸟吗？”

《诗经·大雅·文王》说：“端庄肃穆的文王，彰显光明，守持谨慎！”作为君主，就要做到仁爱；作为臣子，就要做到恭敬；作为子女，就要做到孝顺；作为父亲，就要做到慈爱；与他人交往，就要做到诚信。

《诗经·卫风·淇澳》说：“看淇水转弯的地方，绿绿的竹林郁郁茂盛。文采斐然的君子，好像兽骨经过雕刻，好像玉石经过打磨。庄严威正啊！显耀盛大啊！这样才华横溢的君子，永远都不能忘记呀！”所说的“骨角的切割锉平”，意为治学严谨；所说的“玉石的刀刻打磨”，意为修身锻炼；所说的“庄重威严”，还要谨慎谦恭；所说的“显耀盛大”，是说要保持威严；所说的“文采斐然的君子，永远都不能忘记”，是说这样的君子的品德达到了最高境界，老百姓不能忘记呀。

《诗经·周颂·烈文》感叹道：“啊，前世的君王真令人难忘啊！”君子以前世圣贤为榜样，亲近自己的亲人，普通人则承接圣贤的恩泽，享受应该得到的快乐，获得应该得到的利益，君子和小人都因此而终生难忘。

【音与义】

邦畿，以都城为中心的地区；畿，音 jī 机，古代国都郊区。止，居住，停留。缗蛮，鸟叫声；缗，音 mín 民，或音 mián 棉。止，此指鸟栖息。丘隅，山丘一角；隅，音 yú 鱼，角落。穆穆，仪容端庄的样子。於，音 wū 屋，发语词。缉熙，缉，音 jī 机，继续，显明；熙，音 xī 西，光明。国人，此或指上层统治者。瞻，看，望。淇，淇水，在今河南省北部。澳，音 yù 玉，水边，河水转弯。菉竹，绿竹；菉，音 lù 路，通绿，现多为绿。猗猗，植物茂盛的样子；猗，音 yī 依。有斐，即斐斐，文采焕然的样子；斐，音 fěi 匪，文采焕然的样子。切，切断。磋，锉平。琢，刀刻。磨，磨光。切、磋、琢、磨，均为古代雕刻骨器、玉器的方法。瑟，庄重、严谨的样子。僩，音 xiàn 现，威武刚正的样子。赫，光明、显耀的样子。喧，盛大的样子。谊，音 xuān 宣，通谖，忘记，遗忘。道学，求道问学，引为做学问的态度；道，说，言；学，讲习、讨论。自修，自我修养。恂栗，音 xún lì 寻立，谨慎、警惧的样子。威仪，仪表威严。於戏，音 wū hū 屋呼，叹词。前王，指周文王、周武王。贤其贤，以前贤为贤；第一个贤为动词，第二个贤为名词；贤，贤明。亲其亲，以自己的亲人为亲；第一个亲为动词，第二个亲为名词。乐其乐，以自己的快乐为快乐，即享受自己应得的快乐；第一个乐为动词，第二个乐为名词。利其利，以自己的利益为利益，即获得自己应得的利益；第一个利为动词，第二个利为名词。此以，因而，因此。没世，一辈子，终生。

【淮北佬读悟】

《大学》《中庸》都是《礼记》的一部分。《礼记》一般说是西汉礼学家戴圣根据先秦相关文献材料整理编著而成，主要记载先秦礼制、礼仪、礼节，兼及先秦儒家哲学、教育、社会、政治等，因此称《礼记》，或《小戴礼记》《小戴记》，是一部重要的儒家思想的资料汇编。《大学》据说是孔子直传弟子曾参编写的。有人认为《中庸》是孔子再传弟子，也是他的孙子孔伋编写的。这两篇文章，或后来编成的这两本书，也或许可以认为是对《论语》中孔子某一方面重要思想的专题解读，即《大学》重点解读的是《论语》中个人修养与家国天下的关系，

《中庸》则是面对世界和社会的方式方法问题。如此推去，《礼记》中的其他篇章，如《曲礼》《月令》等，也就不是不可能分别为或主要为孔子直传或再传弟子，以及其他当时有名的儒者研读或阐释孔子思想的专题文章了。《礼记》或如当代的专题论文合集，它是以孔子思想为研究对象的论文合集；也有可能，这些专题论文，只是当时孔子直传弟子或再传弟子的听课笔记，或学习笔记；又有可能，这些专题论文，是孔子的直传弟子或再传弟子们的相互约定，你写哪一方面，我写哪一方面，分别把老师的重要思想解读一番；还有可能，这些专题论文，是孔子的直传弟子或再传弟子们的课堂讲义，他们要给自己的学生讲课，免不了要写几句讲课提纲，这些文章就是他们的讲课提纲。

在儒家思想里，人都是可以教化的，也都应当承担相应的社会伦理责任，要在人与人之间的关系上有所作为、有所不为。有所作为，就是要恪守孝慈、关爱他人、相互帮助；有所不为，就是要不违常理、不悖常情、不拗常规。法国女权主义作家波伏娃说，女人都不是天生的，而是被塑造出来的。这个塑造者，就是社会、道德和男人。如此说来，男人其实也是被“塑造”出来的，这个塑造者，也是社会、道德和女人。

明明德、新民、止于至善与格物、致知、诚意、正心、修身、齐家、治国、平天下，都既是目标，也是过程，既是价值，也是方法，既是要做的事，也是做事的手段。朱熹将明明德、新民和止于至善列为三大纲领，将格物、致知、诚意、正心、修身、齐家、治国、平天下归为八大条目，他强调的是靶和箭的关系，即以三纲领为中心，八条目都是到达目标的箭镞。但如果我们将三纲领和八条目都视为既是目标也是手段的话，我们就不会把儒家的学问看作僵滞不前的学问，我们就不会把儒学当成传统的负担，我们就随时可以自认为我们已经到达彰显明德、汰旧布新、止于至善的目标了，我们就可以随时享受过程带来的快乐和风景了。

我把这种删除目标和手段界限的思路称为“去道德化”。我的意思就是：我们都在前往道德至境的路途上，但我们不必强调我们正在前往道德至境的路途上，我们也不必强调我们将何时到达那个道德的至境，我们甚至不必关注或强调我们正在前往道德至境的路途上努力跋涉；我们只要一边不停地前行，一边享受路边的风景即可；另外，到达道德至境的目的地有许多途径，有市场途径，有政治途径，有经济途径，有教育途径，有社会途径，有休闲途径，有学养途径，有慈善途径，有和平途径，有科技途径，有人文途径，有日常途径，等等。最好我们在这些路径上行走的时候，我们不知道我们何时何地将要到达一个什么境界，这样我们就永远会有兴趣，会有期待。

第五章
要明白最根本的道理

本章对本末作了阐释。

【原来文】

子曰："听讼，吾犹人也。必也使无讼乎！"无情者不得尽其辞。大畏民志，此谓知本。

【大白话】

孔子说："审案子，我和别人差不多。一定要让人们不再诉讼才好。"让不讲实情的人不敢花言巧语。使人因畏惧而不敢虚假诉讼。这就叫明白最根本的道理。

【音与义】

听讼，审理诉讼案件。犹，如同。必，必然，一定。情，情形，或真情实感。

【淮北佬读悟】

孔子前面这段话，“听讼，吾犹人也。必也使无讼乎！”意思是，“审案子，我和别人差不多。一定要让人们没有诉讼才好”。这句话，在《论语》的《颜渊篇》里出现过，表达了孔子一种向好的愿望，即公平正义、不存冤情、社会稳定。这是一句大实话，但从孔子嘴里说出来，似乎就有份量得多。

在《论语》里，编者把孔子关于办案的两段话放到一起，后一段是：“子曰：‘听讼，吾犹人也。必也使无讼乎！’”前一段是：“子曰：‘片言可以折狱者，其由也与？’子路无宿诺。”这一段话的意思是，“孔子说：‘仅凭单方面言辞即可办决案件的，大概只有仲由吧？’子路从不拖延承诺。”也算是一种合并同类项吧，这样或能加深读者印象，使读者对同类内容有一个强化的印象，至于这两段话是否是孔子在同一场合所说，是否为同一话题而言，则难以断定。

不过，子路还有这方面的才华？从《论语》中孔子对子路常常不怎么客气的言语中，还真得不出这样的印象。这可能是因为子路在孔子学生中才华不算突出，又可能是因为子路行事风格有些粗糙，又可能是子路在孔子身边常干的是赶车之类的粗活，因而子路留给人不像学者的这么一个印象。但学生时代，讲究的多是学习能力，参加工作以后，学习不那么突出的学生，发挥了曾被压抑的特长，作出突出贡献，也是常有的事。子路大概就是这种情况。再说子路毕竟也是孔门十哲中政事特长生之一，能做好诉讼事，或正是他的强项之一。但孔子赞扬的是子路办案不拖延，这是对子路急性子背景的褒奖。至于判案质量如何，孔子没有直说。孔子说子路仅凭一方之言就能断案，大概也有子路案子办得还不错的含义在。

先秦儒家的言论汇编如《论语》《孟子》及《大学》《中庸》等都算是儒学原典，它们是系统儒学的源头。《大学》《中庸》虽然可能由汉代儒者编成，但由于时代相近，又主要引用或体现的是先秦儒家代表人物的中心思想，因此可以归为儒学原典范畴。在《大学》《论语》《孟子》和《中庸》四书中，《大学》大体是一个总论，提出了彰显光明德行的主题，《论语》主要是教化民众的主题，《孟子》是新民的主题，而《中庸》则主要是至善至美的主题。这样的划分虽然略显牵强，却也有一种条理性的简洁。到两汉时期，儒学称为经学，经就是经典的意思；宋元明称为理学，又称道学，理学就是关于道理的学问，好像除却儒学，其他的学问都没有道理，或都不是道理。当然，道理之学只是一种简便的说法，并不能体现理学的全部。随着时代的发展和受当时社会现实影响，不管是经学还是理学，都纳入了新思想、融入了新内容。

第六章
达到认知的最高境界

本章或对格物致知作了阐释。

【原来文】

此谓知本。此谓知之至也。

【大白话】

这就叫明白最根本的道理。这就叫达到了认知的最高境界。

【音与义】

至，顶端，极致。

【朱熹补作】

因疑此章错失，朱熹借北宋理学家程颐之意补作如下：

所谓致知在格物者，言欲致吾之知，在即物而穷其理也。盖人心之灵莫不有知，而天下之物莫不有理，惟于理有未穷，故其知有不尽也。是以《大学》始教，必使学者即凡天下之物，莫不因其已知之理而益穷之，以求至乎其极。至于用力之久，而一旦豁然贯通焉，则众物之表里精粗无不到，而吾心之全体大用无不明矣。此谓物格，此谓知之至也。

【大白话】

因疑此章错失，朱熹借北宋理学家程颐之意补作如下：

之所以说获得知识在于对事物的探究，意思是说打算获得知识，就在于接近事物并且彻底了解其中的道理。人的心智都有获得知识的能力，而天下的事物也都有各自的道理和规律，只不过因为事物的道理和规律尚未全部认识，因此人们掌握的知识也还很不完备。所以《大学》在教育的起始阶段，就要求学习者广泛接触天下事物，在已有知识的基础上更加努力地探究事物的道理和规律，以达到认识事物的极限。这种努力长期积累，一旦豁然贯通，那么万事万物的方方面面都会被认识到，而自己内心的所有思路没有不明确清晰的。这就叫事物的探究，这就叫达到了认知的最高境界。

【音与义】

即，接近。穷，穷究，彻底了解。未穷，未能穷尽，或尚未了解、尚未穷尽。惟，只不过。益，更加。

【淮北佬读悟】

所谓格物，就是探究或深究事物，格，是探究、深究、穷究的意思；物，就是事物。又有人说格物即摒除物欲、格为摒除的意思，物则是物欲的意思；似乎都说得通，说得过去。但格物一词，对人民大众而言，一直无法广泛流行，对古代汉语不感兴趣的人，永远闹不明白也不愿意闹明白它的意思，这或许与格物这一组合词中的格字，在现代汉语中似乎完全失去其引申义有关。有些组合词，比如致知，比如修身、齐家、治国、平天下，之所以在当代还能朗朗上口，连贩夫走卒都能挂在嘴上，是由于这些组合词中的每个基本词都与当代这个词的词义相同或相近，人们理解起来不会完全被隔膜。人类留存记忆和认识事物的一个规律就是由简至繁，再由繁至简，就同一个事物来说，人们记忆它、留存它、认识它，总是由简至繁、再由繁至简的。人们开始不认识它，认识以后就知道得越来越多了，知道得越来越多以后，人们就会将认识过程中那些冗余鲜用的部分去掉或省掉，只留下最便捷最有用的。格物等一类组合词无法广泛通行，就是由于它既是难的，又是可以替代的。

就流行和经典程度而言，《论语》的广泛流行和高度经典，一方面是因为它的思想深度，另一方面正是它的明白易懂；《中庸》的难，难在它的思想深度，以及引文的难懂，但它的思想深度使它的难成为高深学问的有意义的门槛；《孟子》的逊色在于它在思想上低于《论语》，在形式上繁于《论语》，而在篇幅上又繁于《论语》《中庸》和《大学》；《大学》低于《论语》的流行度，则在于它在丰富性上逊于《论语》，在深邃度上低于《中庸》，在可读性上低于《孟子》。

给这些经典排序是一件有意义或有意思的事情，可以看得出各人的性情、私好和观念，信息十分丰富。朱熹对“四书”的排序先后不一，对“四书”的阅读顺序，他在《朱子语类·大学一》中说：“先读《大学》，以定其规模；次读《论语》，以立其根本；次读《孟子》，以观其发越；次读《中庸》，以求古人之奥妙处。”这是从连续性、承接性角度出发的排序，也在某种意义上是从难易程度上出发的排序。之后他又说：“读书，且从易晓易解处去读，如《大学》《中庸》《语》《孟》四书，道理粲然。”他这是打算按照难易程度排序的，可是，《中庸》会是第二难的文本吗？他这根本就是按照字数篇幅进行的排序。

可见朱熹对“四书”的排序，是因时、因地、因人而异的。当然，《大学》的兴起、《中庸》的兴起，本来就与儒家对道家、佛家，特别是对佛家的强力反击、夺回丢失的民众相关，没有道家和佛家特别是佛家的竞争，儒家的发展可能不会这么快，力度不会这么大，甚至理学与“四书”之名能否出现也未可知。说这不是一种竞争，那又是什么？说这是一种竞争，却又不那么激烈，这或是一种有特色的竞争吧。佛教和道教都用一些短小易懂的文本来吸引普通大众，理学家们从中受到启发，便也发掘出像《大学》这样篇幅短小的文本，来与佛、道争受众。

如果由我的喜好来为这四书排个序，第一我认《论语》，第二我认《中庸》，第三我认《孟子》，第四我认《大学》。

格物，按照朱熹的说法，大概就是深究事物，朱熹说，物格者，物理之极处无不到也。物理，由汉字组词法来看，或是一个偏正结构，即事物的道理。格或可理解为探究，但最好理解为深究，因为依照朱熹说法，是物理之极处无不到，所以仅仅探究还不够，还得深究，这样恐怕才有可能到达极处，才有可能无所不到。曾经有人认为我们缺乏科学、理性和探索精神，看上去似乎如此，但说中国没有科学、理性和探索文化则不符合事实。《老子》第五章说：“天地不仁，以万物为刍（音chú除）狗；圣人不仁，以百姓为刍狗”。所谓刍狗，就是祭祀用的草狗，祭完就废弃或烧掉了，意思就是不特别看重。《老子》这段话的意思是，天地不讲偏爱或私爱，把万物都当作祭祀用的草狗来对待，一视同仁，不分厚薄；圣人不讲偏爱或私爱，把百姓都当作草狗来对待，一视同仁，不分厚薄。这还不是最典型的理性吗？这还不是最典型的政治理性、科学理性吗？格物也强调的是对事物道理的探究。当然，朱熹的探究与科学、科学理性、科学思维和科学探索不一定是一回事或不完全是一回事甚至完全不是一回事。《大学》里的格物，大概多指对社会科学和人文科学的感性探究。但格物文化，的确是 2000 多年前就在中华文化中存在了，这对我们来说，是很宝贵的遗存。

西方的科学文化精神，现时代面临着一些困惑、挑战和尴尬，当然这现在也是很多人的一种困惑、挑战和尴尬。西方的科学式穷究面临着到底以人类为焦点还是以天地为焦点的问题。以科学穷究为焦点、为重心有向天地万物无休止索取的问题，最终可能失控而导致人类的自毁。最近有一些西方的科学家研究说，西方主导的工业化农业的出现，正在加速地球生物的大灭绝，因为工业化农业看重的是单一的农产品，看重的是生物科技、化肥农药、速生速成，在大豆田里，一望无际的只有大豆，没有其他农作物，也很少有其他生物。这不一定是一种进步，当然也不能肯定这就不是一种进步。就人类的实践思维而言，所有的定论，都只能是阶级性的定论。

第七章
内心的诚意一定会在表面流露出来

本章对诚意作了阐释。

【原来文】

所谓诚其意者，毋自欺也。如恶恶臭，如好好色，此之谓自谦。故君子必慎其独也。小人闲居为不善，无所不至，见君子而后厌然，掩其不善，而著其善。人之视己，如见其肺肝然，则何益矣。此谓诚于中，形于外，故君子必慎其独也。

曾子曰："十目所视，十手所指，其严乎！"富润屋，德润身，心广体胖，故君子必诚其意。

【大白话】

以上所说心意真诚，诚心诚意，就是不要自己欺骗自己。就像讨厌腐秽的气味一样，就像喜欢美色一样，这就叫作善待自己。因此君子要谨慎地对待独处这件事。小人独处时做坏事，什么坏事都能做出来，见到君子便遮盖隐藏，掩盖自己的恶行，刻意表现自己的善良。别人看他，一目了然，就像能看见他身体的内部结构，如此遮掩又有什么用处呢？这就是说内心的诚意一定会在外表流露出来，因此君子一定要慎重地对待独处。

曾子说："许多人看着，许多人指着，这难道不是让人畏惧的事情吗？"财富能装饰房屋，德养能滋润身心，如果心胸宽广，体态必然安泰，所以君子一定要心意真诚。

【音与义】

诚其意，使心意真诚。毋，音 wú 无，不要。如恶恶臭，就像讨厌腐秽的气味一样；第一个恶，音 wù 务，动词，讨厌；第二个恶，音 è 饿，形容词，难闻的、恶劣的；臭，音 xiù 秀，气味。如好好色，就像喜欢美色一样；第一个好，音 hào 号，动词，喜欢；第二个好，音 hǎo 郝，美丽的，漂亮的。谦，通慊，音 qiè 窃，满足，满意。闲居，独处。厌然，掩饰、遮盖、躲藏的样子；厌，音 yàn 艳，或依郑玄、朱熹，读为 yǎn 黡。掩，遮盖，掩盖。著，音 zhù 柱，彰显，显明。中，内心。形，表露，表现，体现。慎其独，慎重地看待独处。十目，十手，言人多。其，音 qǐ 起，岂，难道不是……严，让人生畏。润，润泽，滋润。心广体胖，心广，心宽；体胖，安适，郑玄释胖为大，朱熹释为安舒，即安泰舒适，心广体胖隐喻心无愧怍；胖，音 pán 盘。

【淮北佬读悟】

如果心胸宽广，体态必然安详，这是说内心的状态，是无法完全掩饰的，必然会透过一些细节流露出来。这些细节，有些是心理的，有些是生理的。我们时常有这样的经验，有些人一眼看上去气宇轩昂的，可是一行动，一说话，就露馅了，就露出马脚了，就显得格调不高或品质低下、俗不可耐了。这大致是一种心理状态的表露。

还有一些是生理的状态。最近有人研究的脸型这种生理表象与人的性格、心理的关系，并得出结论说，脸宽的女人对权力有更大的渴望。他们认为这一结论对男人无效，只对女人有效。这些人研究说，脸宽的女人更有野心，更渴望权力，例如德国总理默克尔、美国前国务卿希拉里等等，他们认为宽脸的女人潜意识里更渴望权力和影响力，而且也更可能取得成功。这叫人觉得奇怪。以前我们会立刻断定，这是唯心主义的带有封建迷信色彩的伪科学。因为按照我们的常识，人人生来平等，人的聪明才智及兴趣爱好基本都是后天学成的，而不是先天赋予的。再说，这一结论也有歧视嫌疑，那些瓜子脸美女、鹅蛋脸美女、模特、大部分女歌星、女演员，就都没有渴望权力的权利了？现在有些人会对这样的结论表现出兴趣，而不会对这样的结论乱扣帽子。我们知道学术研究的重要性，我们明白美好、康健与和善。关于脸宽女人的研究，与心广体胖却正有着殊途同归的相类。

闲居解为独处，是精到的，也很传神。这也是与上句君子必慎其独相关联的。闲居一般就会脱离大众，脱离单位同事，脱离业务关系，脱离人与人之间的应酬。闲居往往会独处，而只有独处，或仅与最亲密的家人在一起，才能充分地体现出一个闲字来。闲在古代汉语里，有清闲、空闲、安静、文雅、雅静等义，都与躁动、不安、浮躁等义相反。居则有居住、坐、在某处、住处等义。孔子在《论语·阳货篇》里就曾对子路说："居！吾语女（坐下，让我来告诉你）"。这一章的闲居，应该是独处的引申义，即与公开、场面上、大庭广众、有人监督相对的私下或背后。君子要谨慎地独处，小人则正由于他们习惯私下或背后做上不了台面的事而成为小人或被称为小人。

我曾写过两篇短文，涉及独处。其中一篇叫《独在时不要面目狰狞》，另一篇叫《独在时念叨念叨数目字也是很有意思的》。这是我对独处的两种解读。

独在时不要面目狰狞

春天最是在野外读书的好时光。只有一个人，带上一车书，春光全归我。与先人对话，与智者对谈，与天地合一，与万物协同进化，与思絮羽毛般同升共飞，不亦快哉！

《诗经》和《中庸》谈到独处时，都强调独处时更须谨慎。因为面对众人我们的嘴脸都会妆得很浓，而独在时则心绪放松，容易面目狰狞。因而我们要谨慎独处，能够做到人前人后一个样，内心从不接纳污浊的想法。

春光明媚中开车去野草地上读一车书的人都是表里如一之人。他们在慎独方面心绪坦荡、无忧无虑。

独在时念叨念叨数目字也是很有意思的

中国传统文化中，两个数目字同时出现时经常表现出负能量。心里七上八下的，场面横七竖八的，说话颠三倒四的，显得人五人六的，见面七长八短的，搞得乱七八糟的，破事杂七杂八的，安排得五花八门的，因而百里话不同，千里语不通了。

我咧着嘴对着空无一人的湖天呵呵笑，我还要继续学习不吵闹，我不信我的知识学不到，我要向古人看齐从幼学到老；我本就是傻瓜一个你们不要小瞧，我从不空手套狼玩儿空手道，我说出智慧的话儿时你们不要恼，到我当总统那天你们全呆掉了。

呵呵笑，呵呵笑。一地春光，我要，我要！

第八章
心态端正才能吃出美食的味道

本章对修身正心作了阐释。

【原来文】

所谓修身在正其心者，身有所忿懥，则不得其正；有所恐惧，则不得其正；有所好乐，则不得其正；有所忧患，则不得其正。心不在焉，视而不见，听而不闻，食而不知其味。此谓修身在正其心。

【大白话】

之所以说修养自身在于心态端正，意思是说，如果内心有愤怒，心态就无从端正；如果内心有恐惧，心态就无法端正；如果内心有偏好，心态就无由端正；如果内心有忧患，心态就无缘端正。不在状态时，好像在看却啥都没看见，好像在听却啥都没听见，好像在吃却啥味都没吃出来。这就叫作修养自身关键在于心态端正。

【音与义】

身，指心。忿懥，音 fèn zhì 愤至，怨愤，愤怒。好乐，此指偏好；好，音 hào 号，喜欢；乐，音 yào 要，喜欢。心不在焉，心不在这里，指思想不集中，不在状态；在，存；焉，代词，此，这里。

【淮北佬读悟】

修身的关键在于正心，就是要心态端正。正心也有各种各样的方式，除了硬正心，比如加强学习、端正思想、公正公平等，还有软正心，也就是养心。就是孔子说的，整天吃得饱饱的，什么事都不做，是不行的呀，不是有棋类游戏吗，去下下棋，也比什么都不做好；弟子们为什么不研究《诗》呢?《诗》可以启发想象力，可以提高观察力，可以培养群体意识，可以抒发不满情绪，近可以侍奉父母，远可以侍奉君主，还可以多认识鸟兽草木的名称（《论语·阳货篇》）。在孔子看来，没事下下棋、认识一些花鸟之类，都是有益处的，比无所事事、游手好闲的好。无所事事、游手好闲，指的是空虚无聊，而非指游山玩水、徒行漫步。现代人衣食无忧，走走路，望望天，发发呆，都是一种有目的的养心，而非无聊时的虚耗。

走走路，望望天，发发呆，有时候也是奢侈的，并不那么容易得来。用林语堂的话说，有钱人未必有时间或心境来享受这种闲。闲既是大众的，更可能是高雅的，闲，人人都可能得到，却又可能很不容易得到。有人有时间，有空闲，却不知道怎么闲，或闲得粗俗，闲得虚空；有人忙得不得了，却能事不闲心闲，忙里偷闲，闲得雅致，闲出性情来。各人有各人的闲法，闲来无事时，我喜欢下乡步行，喜欢与牌友切磋，喜欢悠然读书，喜欢聚友山水，喜欢美食饕餮，喜欢莳花弄草，喜欢睡睡懒觉，喜欢发发呆、做白日梦，喜欢收集邮戳，喜欢驾车远行，喜欢寄情山水，喜欢赏读美色，喜欢思想事物，又喜欢啥都不想、啥都不做、啥都不看、啥都不说，就那么闲呆着。

除引用的一些诗文外，《大学》的文字均浅显易懂，意思也都不难理解和体会。这就为后人和众人的学习提供了一个低门槛。但门槛低、入门易是一回事，各人理解得深浅、正误又是一回事。格物、致知、诚意、正心、修身、齐家、治国、平天下，都是正面好词，或者说，两千多年来，我们都被儒家这种文化教育得知晓这些都是好词，都是正面的有价值的理念。很显然我们知道，世界上好的词、正面的价值观还有许多许多，比如自由、民主、平等、拼搏、进取、创新等等，也都是好的词，都是正面的，有价值的，值得信任的观念。

这使我们看到这样一个现象，即，如果地球上只有儒家文化，可以想象，我们一定能生活得很好，我们太熟悉这种文化了，我们在这种文化的庇荫下太有安全和舒适感了，我们只要依规而行即可，我们只要依规而行即可千百年如一日过上无忧无虑的生活。还可以想象，如果地球上只有西方文化，西方人也一定能够生活得很好，西方人太熟悉那种文化了，他们在那种文化的庇荫下太有安全和舒适感了，他们只要依规而行即可，他们只要依规而行即可千百年如一日过上探索不已的生活。可是，现在的问题是这些文化共生于一个星球上，人类不仅有儒家文化，还有西方基督教文化，还有伊斯兰文化，还有非洲文化和南亚文化，等等，这些共生在一个星球上的文化有可能发生文明的交流。

几千年来，小文化圈可能会逐渐融入大文化圈，但我们在大文化圈中似乎没有看到谁吃掉谁的现象发生。中国人学会了吃面包过洋节，但中国人仍然是中国人；西方人钟情于中国餐和麻将牌，但西方人依然是西方人。据此而言，学习和借鉴是必不可免的，所谓的优秀和拙劣却很难比得出个结果。没有一种文化是绝对正确、一成不变、天下无敌的。十九世纪中国学习西方，到了二十一世纪世界会更加积极地学习东方。想要画地为牢、纯洁血统、剔除对方现在已经办不到；想要完全摒弃传统、否定历史、再造祖先也没有可能、没有必要。因为久远地整理是常态，温和地整固才是常识，适度地调整才是常理，文明的多样性才是常情；科学做事，文化育人，才是常规。

第九章
对亲近的人不要过分偏爱

本章对修身齐家作了阐释。

【原来文】

所谓齐其家在修其身者，人之其所亲爱而辟焉，之其所贱恶而辟焉，之其所畏敬而辟焉，之其所哀矜而辟焉，之其所敖惰而辟焉。故好而知其恶，恶而知其美者，天下鲜矣。故谚有之曰：“人莫知其子之恶，莫知其苗之硕。”此谓身不修不可以齐其家。

【大白话】

所说的管理家族、家庭首先在于修养自身，是由于一般人对自己亲爱的人会过分偏爱，对自己鄙视的人会过分讨厌，对自己敬畏的人会过分敬畏，对自己同情的人会过分同情，对自己看不起的人会过分轻视。因此，喜欢一个人的同时又能知道那个人的不足，讨厌一个人的同时又能正视那个人的优点，这样的人很少呀。所以谚语说："因为偏爱，人们很难看到自己儿子的缺点；因为贪多，人们很难正确对待自家庄稼的长势。"这就是不修养自身不能够管理好家族、家庭的原因或道理。

【音与义】

齐，整治，管理，治理。之，对于，于。辟，音 pì 屁，通僻，偏，偏颇，偏差，偏离，偏见。贱，看不起。恶，音 wù 务，讨厌。哀矜，同情，哀怜，怜悯；矜，音 jīn 今。敖惰，怠慢，轻视，不看重；敖，通傲，骄傲；惰，懈怠。恶，音 è 饿，缺欠，不足。恶，音 wù 务，讨厌。美，优点，长处。鲜，音 xiǎn 显，稀，少。谚，俗语，谚语。莫知，不知。硕，大，茁壮。

【淮北佬读悟】

徽州以前曾有歌谣说："前世不修，生在徽州；十三四岁，往外一丢；三年吃苦，拼搏出头；发达是爷，落魄歙狗。"这也是歙县人说自己的。又说："前世不修，生在徽州；十三四岁，往外一丢；半夜收包袱，天光下饶州；赚得钱来心头肉，赚不钱来骂'天收'。"这是祁门人说自己的，祁门离江西饶州近。又说："前世不修，生在徽州；十三四岁，往外一丢；吃碗面饭，好不简单；一双破鞋，踢踢踏踏；一块围裙，像块裕褙；前世不曾修，出世在徽州；年到十三四，便多往外遛；雨伞挑冷饭，背着甩溜鳅；过山又过岭；一脚到杭州；有生意，就停留；没生意，去苏州；转来转去到上海，求亲求友寻路头；同乡多顾爱，答应肯收留；两个月一过，办得新被头；半来年一过，身命都不愁；逢年过时节，寄钱回徽州；爹娘高兴煞，笑得眼泪流。”这是绩溪人说自己的。

“前世不修，生在徽州”，这里的“修”，或由佛家观念里来，表现了一种生命轮回的因果关系，正由于前世有所缺失，才导致来世生在徽州，由此可以想见，明清甚至更早时期的徽州地区，不是人皆向往的天堂，而是避之不及的陋地。除此之外，既然是汉语词，相同的一个词，就都会有相关的源流关系或引申关系，所以这里的修，或还有前世修养不足、社会积分不够、道德水准不行等意思。如果以儒家价值观为参照系的话，那么生在徽州就正是前世修养不足、社会积分不够、道德水准不行而导致的。这其实也有其身不修的意思在里面。

管理家族、家庭首先在于修养自身，是由于一般人对自己亲爱的人会过分偏爱；而对自己亲爱的人过分偏爱的原因，则由于修养自身的空间还有待提升。在现代社会里，如何既亲爱自己亲爱的人，却又不落入过分偏爱的陷阱，这是需要人们认真对待的问题。我夫人董静写的一篇散文，与这一主题也有一些关联。

有一种爱，叫放手

董静

小暑过后，合肥的气温一天比一天高，骄阳似火。我待在空调房间里，舒适得不愿走出半步。清晨，我听到了久违的鸟鸣声，是斑鸠。它的鸣唱虽然单调低沉，但具有穿透力。

多年前，我家窗外的花架上住着一对斑鸠“夫妇”，它们尖尖的嘴，淡褐色的羽毛，颈部一圈蓝灰色的黑羽，犹如戴上一条漂亮的项链，形态美丽，惹人喜爱。“夫妇”俩每天早出晚归，就像忙碌着的人们，辛勤地打理自己的小日子。人鸟同在一个屋檐下，和谐地相处，对生活在都市的我们是一大幸事。

“早起的鸟儿有虫吃”，勤劳的斑鸠，咕咕的鸣叫声每天早早地叫醒我们。起床后，大家先是跑到窗前给它们打招呼，然后带着愉快的心情，开始一天的新生活。从那时起，我们一家人养成了早起的习惯，生物钟一直延续到现在都不曾改变。我发现，斑鸠每年自然繁殖两窝，每次都是一双儿女，从下蛋到孵出子女，差不多要一个月的时间。这期间的雌斑鸠一刻也不会离开爱巢，炎炎夏日趴在窝里一动不动地孕育着新的生命，像母亲十月怀胎，很辛苦；雄斑鸠则不时地飞来飞去传递着食物，精心地呵护着自己的伴侣，很感人。我们也时刻关注着它们，每天在鸟巢旁放些水和食物供雌斑鸠饮用。突然有一天，我们发现雌斑鸠的翅膀下有两双宝石般的小眼睛，小斑鸠出生啦。两只斑鸠，小小的模样很可爱，让人怜惜。它们的父母为了小家伙们更加忙个不歇，叼来食物口对口地喂食着。斑鸠父母对子女的爱，和我们家长养育孩子真的有几分相似。

小斑鸠长到 20 天左右，羽翼逐渐变得丰满了。一日，发现小斑鸠饿得唧唧叫，我心疼得不知所措。这时先生告诉我和女儿，说这就是鸟类培育下一代的方式，它们认为小鸟有能力单独生活了，就会“狠心”地丢下幼鸟，不闻不问，逼着幼鸟飞出去独立地生存。小斑鸠好像明白了父母的良苦用心，于是它们止语，养精蓄锐，不停地扑闪着翅膀练习飞翔，却总也飞不出去，看着让人揪心。一次，两次，经过 N 次努力，两只小斑鸠终于起飞成功，展翅飞翔。

女儿在鸟巢旁观察了许久，感悟很多。从那以后，我发现她变了，变得懂事了许多，不再任性，做事主动，学习也更加刻苦了。真是言传不如身教，现在的女儿也像小鸟一样，越飞越远。在美国哈佛大学任教的她，利用暑假带领她的学生们在北京语言大学学习汉语和中国文化，前几日，她们一行来安徽黄山，做为期一周的徽州社会调查。由于日程安排得很紧，女儿虽路过合肥，却没有时间回家，我们只能匆匆地见上一面，心中有许多留恋和不舍……如今的女儿，做事干练、井井有条，处事也很周到细致，我和先生由衷地感叹，孩子真的长大了、成熟了，我们从内心里为她高兴。

和闺蜜聊天时，我经常感慨地说，现在的孩子都是独生子女，都是家中的娇宝宝，娇生惯养是每个孩子在家享有的“特权”。但该给孩子“断奶”时，我们做父母的就要像鸟儿一样果断。虽然看起来有些残酷无情，父母的心中也会有些淡淡的感伤和失落，可让孩子自由自在地在广阔天地里独立发展，才能使其大有作为。正如一句歌词所言：有一种爱，叫放手。为爱放弃朝夕相处，会很痛，放手让其飞翔，那才是真正的爱。

第十章
相亲相爱一家人

本章对齐家治国作了阐释。

【原来文】

所谓治国必先齐其家者，其家不可教而能教人者，无之。故君子不出家而成教于国。孝者，所以事君也；弟者，所以事长也；慈者，所以使众也。

《康诰》曰："如保赤子。"心诚求之，虽不中，不远矣。未有学养子而后嫁者也。

一家仁，一国兴仁；一家让，一国兴让；一人贪戾，一国作乱。其机如此。此谓一言偾事，一人定国。

尧、舜帅天下以仁，而民从之；桀、纣帅天下以暴，而民从之。其所令反其所好，而民不从。是故君子有诸己而后求诸人，无诸己而后非诸人。所藏乎身不恕，而能喻诸人者，未之有也。故治国在齐其家。

《诗》云："桃之夭夭，其叶蓁蓁。之子于归，宜其家人。"宜其家人，而后可以教国人。

《诗》云："宜兄宜弟。"宜兄宜弟，而后可以教国人。

《诗》云："其仪不忒，正是四国。"其为父子兄弟足法，而后民法之也。

此谓治国在齐其家。

【大白话】

之所以说治理好国家首先要管理好自家，意思是说连自家都教化不好却能教化好别人，这样的事从来都不会发生。所以君子足不出户就能教化管理好国家的道理是：孝敬父母这种品德，也可以用来侍奉君王；敬重兄长这种德行，同样可以用来敬重领导；慈爱子女这种感情，一样可以用来对待百姓。

《尚书·康诰》说："爱护民众就像爱护婴儿。"心怀真诚地去追求高标准的治国之道，虽然可能还达不到那个高标准，但也相去不远了。

从来就没有先学习如何养大孩子然后因此能嫁出去的女子。

统治者一家人仁爱亲和，就会带动一国人仁爱亲和；统治者一家人谦让互敬，就会带动一国人谦让互敬；统治者一人贪婪暴戾，就会带动一个国家乱象纷纷。这就是关键所在。这就叫作：一句话能够坏掉大事，一个人能够安定国家。

尧、舜用仁爱统率天下，百姓就跟从他们以仁爱待人；桀、纣用暴虐统率天下，百姓就跟从他们以暴虐待人。如果统治者发布的政令和他们自己的喜好不同，那么百姓是不会依从的。所以君子先要求自己具备好的德行，才能要求别人具备好的德行，先要求自己没有恶习，然后才有资格去责备批评别人。自己本身没有推己及人的品德，却能让别人明白推己及人的道理，那是从来都办不到的事情。所以治理好国家首先要管理好自家。

《诗经·周南·桃夭》说："桃花鲜艳盛开，桃叶美好繁盛。女孩子出嫁了，将会和睦一家人。"家庭和睦了，然后才能让一国人都来仿效。

《诗经·小雅·蓼萧》说："兄弟和睦。"兄弟之间和睦了，然后才能给一国人树立榜样。

《诗经·曹风·鸤鸠》说："仪容庄重端庄，才能够成为四方国家的楷模。”一个人的身份无论是父亲，还是儿子，还是兄长，还是小弟，都足以成为楷模时，然后百姓才会向他学习。

这就是治理好国家首先要管理好自家的道理。

【音与义】

教，音 jiào 叫，教化。不出家，不出家门。成教，教化成功。事，侍奉。弟，音 tì 替，同悌，尊敬兄长。慈，父母爱子女，又指君主爱百姓。使众，管理百姓，役使百姓。赤子，婴儿。中，音 zhòng 仲，符合，达到。兴，兴起。让，谦让，礼让。一人，指统治者。贪戾，贪婪暴戾；戾，音 lì 丽。机，弩箭的板机，引申为发起的由头。偾，音 fèn 愤，败坏。尧、舜，远古传说中的部落联盟领袖。帅，同率，统率，率领。桀、纣，桀，音 jié 杰，夏朝末代君主，以残暴著称；纣，音 zhòu 咒，商朝最后一个君主，以残暴著称。有诸己，有之于己，本身拥有；诸，之于。非，批评，指责。藏，积藏。恕，忠恕之道，自己不愿意别人对自己做的，也不去对别人做，这种推己及人的品性即恕道。喻，使……晓得、知道、懂得。夭夭，形容桃花鲜艳，比喻女子美丽。蓁蓁，音 zhēn zhēn 真真，美好繁盛的样子。之子，这个女子；之，这个，此；子，女子。归，出嫁。宜，使动用法，使……和顺、和睦、和善。仪，仪表，仪态。忒，音 tè 特，差错。足法，足以效法。

【淮北佬读悟】

第一句话是核心，后面一层一层地注解、说明第一句话，最后一句话，得出总结论，这是《大学》分章的基本原则。

连自家都教化不好却想教化好别人，这样的事从来都不会发生，这是由小及大、由内及外的看点与视角。家总是小的，而他人他物总是大的；内部总是简单的，而外面总是复杂的；个体总是好弄的，而众人则是难调的。小的家都管不好，还管得好大的家？简单的内部都协调不定，还搞得定大的外面？单一的人都平顺不了，还整合得好众人？大约总是这样的道理、这样的路数、这样的思路。

外在道德与规范首先需要内化为个体的修养，内化的修养又必然要成为外化的影响力。对众人或社会而言，内化后的个人将要或多或少地影响众人和社会，对个人或小群体而言，他人的修养也必然会外化为集体的道德水准，影响个人的内化。

教化可以指政教风化即政化，又可指道德约束即德化，还可指教育影响即感化。政教风化就是规范人的言行，道德约束就是让人自觉地遵守一定的规则，教育感化则是启发人们的良知，自觉地使自己的言行符合普遍认可的行为准则。因而，这三者的结合，才是可行之道，才有可取之处，才可持续发展。

第十一章
大家都注视着您呢

本章对平天下作了阐释。

【原来文】

所谓平天下在治其国者，上老老而民兴孝；上长长而民兴弟；上恤孤而民不倍；是以君子有絜矩之道也。所恶于上，毋以使下；所恶于下，毋以事上；所恶于前，毋以先后；所恶于后，毋以从前；所恶于右，毋以交于左；所恶于左，毋以交于右；此之谓絜矩之道。

《诗》云："乐只君子，民之父母。"民之所好好之，民之所恶恶之，此之谓民之父母。《诗》云："节彼南山，维石岩岩。赫赫师尹，民具尔瞻。”有国者不可以不慎，辟则为天下僇矣。《诗》云：“殷之未丧师，克配上帝。仪监于殷，峻命不易。”道得众则得国，失众则失国。

是故君子先慎乎德。有德此有人，有人此有土，有土此有财，有财此有用。德者，本也；财者，末也。外本内末，争民施夺。是故财聚则民散，财散则民聚。是故言悖而出者，亦悖而入；货悖而入者，亦悖而出。

《康诰》曰：“惟命不于常。”道善则得之，不善则失之矣。《楚书》曰：“楚国无以为宝，惟善以为宝。”舅犯曰：“亡人无以为宝，仁亲以为宝。”

《秦誓》曰：“若有一介臣，断断兮无他技，其心休休焉，其如有容焉。人之有技，若己有之；人之彦圣，其心好之，不啻若自其口出，实能容之；以能保我子孙黎民，尚亦有利哉！人之有技，媢嫉以恶之；人之彦圣，而违之，俾不通，实不能容；以不能保我子孙黎民，亦曰殆哉！”唯仁人放流之，迸诸四夷，不与同中国。此谓唯仁人为能爱人，能恶人。见贤而不能举，举而不能先，命也。见不善而不能退，退而不能远，过也。好人之所恶，恶人之所好，是谓拂人之性，灾必逮夫身。是故君子有大道，必忠信以得之，骄泰以失之。

生财有大道：生之者众，食之者寡，为之者疾，用之者舒，则财恒足矣。仁者以财发身，不仁者以身发财。未有上好仁而下不好义者也，未有好义其事不终者也，未有府库财非其财者也。孟献子曰："畜马乘不察于鸡豚，伐冰之家不畜牛羊，百乘之家不畜聚敛之臣。与其有聚敛之臣，宁有盗臣。"此谓国不以利为利，以义为利也。长国家而务财用者，必自小人矣。彼为善之，小人之使为国家，灾害并至。虽有善者，亦无如之何矣！此谓国不以利为利，以义为利也。

【大白话】

所说的使天下安泰首先要治理好国家，意思就是在上位的人要尊敬老人，老百姓就会跟着孝敬老人；在上位的人敬重兄长，老百姓也会跟着敬重兄长；在上位的人抚恤孤儿，老百姓也不会相背而为；因此，君子要起到模范带头作用。讨厌上面的一些做法，就不要把这些做法施加给下属；不喜欢下面的一些做法，就不要把这些做法推荐给上面；讨厌前面的人的一些做法，就不要把这些做法留给后面的人；不喜欢后面的人的一些做法，就不要用后面人的做法对待前面的人；讨厌右边的人的一些做法，就不要用这些做法去对待左边的人；讨厌左边的人的一些做法，就不要用这些做法去对待右边的人；这就是己不欲勿施人及推己及人等标尺规范。

《诗经·小雅·南山有台》说：“快乐的君子，像百姓的父母。”百姓喜欢的，他就喜欢，百姓讨厌的，他就讨厌，这就是百姓父母的意思。《诗经·小雅·节南山》说：“高大峻伟的南山哦，岩石险峻高耸。庄重威严的太师呀，百姓都注视着您。”统治国家的人不可以不慎重，偏差不正会遭受讨伐。《诗经·大雅·文王》说：“殷商在没有失去百姓拥戴时，还是符合上天的旨意的。应该以殷商为鉴，守住天命并不容易。”这是说得民心国家就安定，失民心就会失去国家。

因此君子先要慎重地修养德行。有德才能聚拢百姓，有百姓才能保有国家，有国家才有财物，有财物才有开支。德是根本，财是末梢。轻视根本却重视末梢，就会与民争利、相互劫夺。所以财富聚集到统治者那里民心就涣散了，财富分散到百姓手里民心就聚集了。因此，说出言不由衷的话，得到的也将是违心话；用不当手段获得的财物，也将会不合常理地失去。

《尚书·康诰》说：“天命不常在。”意思是说，为善就能得到天命的眷顾，为恶就会失去天命的眷顾。《楚书》说：“楚国没有什么珍宝，只把为善当作珍宝。”舅犯说：“逃亡的人没有什么珍宝，只把仁德亲人当作珍宝。”

《尚书·秦誓》说：“如果有这样一个臣子，诚实厚道，没有什么技能，却心胸宽广，能够容人。别人有本领，就好像他自己有一样；别人有才有德，他真心喜欢，不但像是自己说出来的，真心能够包容和接纳；用这样的人，不但能够保护好我的子孙百姓，还有其他许多好处呀！别人有本领，就嫉妒讨厌；别人有才有德，就设法压制妨碍，不被重用，真心不能包容；用这样的人，不但不能保护好我的子孙百姓，还有很多危害！”因此有仁德的人会把这种人放逐到周边偏远的地方去，不许他与我们同住在中原地区。这就说明，只有有仁德的人能够爱护好人，也能够惩罚坏人。遇到贤人不能推荐，推荐贤人不能重用，这是轻慢。遇见不好的人不能罢退，罢退了不能让他远离，这就是过错。喜欢众人讨厌的，讨厌众人喜欢的，这叫作违背人的天性，灾难一定会因此而降临。因此，君子遵循光明正道，坚守忠信就能获得，骄横放纵就会失去。

增加财富有规律和原则：生产财富的人多，消费财富的人少，生产财富的人努力，消费财富的人节俭，那么财富就常常会充足。仁德的人借助财物成就德行，不仁的人则损德以发财。从来没有上面的人喜欢仁德而下面的人不喜欢道义这种事情，从来没有喜好道义却完成不了事业这种事情，从来没有府库里的财物不是统治者的财物这种事情。孟献子说：“位高权重的人不应关注养鸡养猪得到的小利，保存遗体有资格用冰的卿大夫不应养牛养羊来增加收入，有百辆四匹马拉车的人家不应留用聚敛民财的家臣。与其留用聚敛民财的家臣，不如留用能够偷盗公家府库的家臣。”这就是说国家不应以聚敛钱财为利益，而应以获得仁义为利益。掌管国家却一心追求财富，一定是出自小人的主意。国君把小人当作好人，任用小人来管理国家，灾难祸害就都会降临。这时就算有贤能的人，也没有办法应对了。这就是国家不以获取财富为利益，而以仁义为目的的道理呀。

【音与义】

上，在上位的人，领导，统治者。老老，孝顺、尊敬老人；前一个老为动词，意动用法，以……为老；后一个老为名词，老人。长长，音 zhǎng zhǎng 掌掌，敬重兄长，以兄为兄；长或又可延伸理解为长辈；前一个长为动词，敬重；后一个长为名词，兄长。弟，同悌，弟敬重兄；或又可延伸理解为晚辈敬重长辈。恤，怜爱，抚恤。体恤。孤，幼无父母。倍，通背，背离，背弃，违背。絜矩之道，儒家伦理规范之一，即君子言行均应有示范作用；絜矩，引申为规矩、规范、法度；絜，音 xié 协，衡量，度量；矩，画直角或方形的工具。恶，音 wù 务，讨厌，厌恶，憎恨。毋，音 wú 无，不，不要。

乐，喜悦，快乐。只，语助词。节，高大，高峻，雄伟。维，发语词。岩岩，岩石累积的样子，险峻的样子。赫赫，庄重威严的样子。师尹，周朝太师尹氏。瞻，仰视，仰望，崇敬。辟，通僻，不正。僇，音 lù 路，通戮，讨伐，杀戮。师，民众，此指民心。克配，匹配，符合。上帝，上天，与君王相对。仪，通宜，应该。监，通鉴，借鉴，以……为鉴。峻，大。命，天命。易，改变，失去；或容易。道，言，说。

此，才。土，土地。用，用度，指国家可使用的财物。外本，引为轻视根本；外，意动用法，以……为外。内末，引为重视末梢。争民，与民争利。施夺，施行劫夺政策。言悖，言不由衷；悖，违反，违背。悖而入，得到的也是违心话。

惟，只是，只有。常，长久，始终如一。道，说，言。之，代词，指天命。《楚书》，楚国史书。舅犯，晋文公的舅舅狐偃，字子犯，晋文公重耳因受骊姬谗言牵扯，逃亡在外十九年，舅犯一直跟随他，舅犯这句话是舅犯教重耳对秦穆公使者的回答，事见《礼记·檀弓下》。亡人，流亡的人。

断断，专一，诚实，厚道。技，技能。休休，坦荡、宽宏大量的样子。有容，能够容人。彦圣，有才有德。不啻，不仅，不异于，不亚于；

啻，音 chì 斥。娼嫉，嫉妒；娼，音 mào 冒。俾，音 bǐ 比，让，使。通，通达，引申为不被重用。殆，危险。放流，流放。迸，通屏，驱逐。四夷，周边部族。中国，中原地区。举，推荐。先，位置在自己之上。命，或为怠、慢。拂，违背，违逆。逮，到，及，赶上。骄泰，骄横放纵。

道，规律。生之者，生产财富的人。食之者，消费的人。疾，快，迅速，勤奋。舒，慢，舒缓。恒，常。终，完成。孟献子，春秋时鲁国大夫，姓仲孙，名蔑。畜马乘，指刚由士升为大夫的官员；畜，音 xù 续，养。乘，音 shèng 剩，四匹马拉的车。察，关注，观察。鸡豚，养鸡养猪，此指微利小事；豚，音 tún 屯，小猪，泛指猪。伐冰之家，指卿大夫之家，古代卿大夫以上大人物办丧事才能用冰保存遗体。百乘，百辆四马拉的车，此泛指位高权重。长，音 zhǎng 掌，一国之长，引申为国君。务，专心，专注。自，从，由，出自。无如之何，无法应对，无法对付，无可奈何。

【淮北佬读悟】

峻命不易的“不易”怎么读？这似乎很容易，因为不易这两个词似乎没有古音、今音的问题，就按现代汉语的音（bú yì）来读就可以了。有些《大学》的注音本也是这样注音的。但并不是那么简单。我平生对语言问题天生敏感，在大学学习时，对语言文字和韵律也特别感兴趣，读了许多这方面的专著，知道“不”这个副词在一定条件下，例如被它修饰的词是去声的话，它要变调，才符合现代汉语普通话发音的规律，如果不变调，就显得特别奇怪，也等于是念错了。

例如，不吃（bù chī）、不喝（bù hē）、不玩（bù wán）、不懂（bù dǒng），就念不吃（bù chī）、不喝（bù hē）、不玩（bù wán）、不懂（bù dǒng）；但如果被它修饰的词是第四声即去声的话，它就要变调，例如不去（bú qù）、不睡（bú shuì）、不战（bú zhàn）、不对（bú duì），就不能念成不去（bù qù）、不睡（bù shuì）、不战（bù zhàn）、不对（bù duì），念成那些，发出的音就非常奇怪，就等于念错了。

平顺天下，治理好国家，管理好家族、家庭，如果就事论事，直截了当、直奔主题地去平顺天下，直截了当、直奔主题地去治理国家，直截了当、直奔主题地去管理家族、家庭，那很可能平顺不了，治理不力，管理不当。即便有所平顺，有所治理，有所管理，有所成绩，有所进展，有所成功，那也可能成为一种“绿色沙漠”，即看上去似乎是绿洲，但实质上还是沙漠的一种。

直截了当的管理和治理根本上还是一种工具理性的延续，即在达到目标的过程中不计后果，不计成本，不讲策略，不讲社会效益，直奔主题，轻视文化，忽略软装，以硬代软。工具理性精神是事业成功的基础动力和必须的工具，在做事的过程中，尊重客观事实、探究事物发展规律，解剖万物、弄清万物、掌握万物、利用万物、为我所用，寻找最佳路径，强调可预测性，追求利益最大化，精确地保质保量，都是工具理性理所当然、自然而然要遵守的信条，而这种信条则必然导致对目标的异化：为人类可能最终会导致反人类，为幸福可能最终导致不幸福，为解放可能最终导致被束缚，为发展可能最终导致不发展。因为工具般的实用理性需要讲究文化的、伦理的、美感的、宗教的、心灵的、平顺的、和谐的价值理性去协调、修正，如此才能达到平衡、融洽的最终效应、目标和结果。

因而，齐家、治国、平天下是工具理性要达到的终极目标，格物、致知、诚意、正心和修身则是价值理性的广袤天地。没有数字目标，就没有心理动力，而没有德性价值的协调与修正，数字目标也最终不可能达到，或仅能低质量、有缺陷地达到。

格物、致知、诚意、正心、修身、齐家、治国、平天下，就是儒家内圣外王的全部或主要内容。所谓内圣，就是要格物、致知、诚意、正心、修身，就是内在的自己要修炼成为圣人，要严格要求自己，要敢于吃亏，要理性达标，要利人又利已（或毫不利己专门利人），要做道德楷模，要文武双全，要智能双全，要包容他人，要慎独慎行，要知识丰富见多识广，等等；所谓外王，就是要齐家、治国、平天下，就是外在的自己要有尊严，要有威望，要有人气，要能控制得了局面，要有拍板能力，要能让人心归附，要既有硬实力也有软实力，要有演讲阐释能力，要有写文章的能力，要知道什么时候该说什么不该说什么，要把握他人心理，要了解大众心理，要经得起折腾、担得起失败，也要经得起顺境、担得起成功，要挨得住批评、经得住表扬，该妥协时就妥协，当强硬时就强硬，要会笼络人心，要拿得起放得下，等等。

外王是内圣的延伸，内圣是外王的基础。没有内圣，外王就不是儒家的理想政治人格；没有外王，内圣也不是儒家的理想道德人格。内圣是为了外王，外王是内圣的展示。如果内圣了，却不能外王影响、塑造社会，一件事情似乎只做完了一半；如果外王了，却是个不良的化身，那还不如不外王！修己是安人的起点，安人是修己的终点。就这一点来说，儒家是主动的、进取的、外向的、干预的。自我完善了，那还不是完善，还要用完善的自我去感化他人。儒家强调的是人生理想与政治理想的完美结合，内圣外王正是儒家追求的最高人生境界。

《泗水边的〈大学〉》2017 年秋冬初稿完成于巢湖畔中庙善水轩

2018 年夏改定于合肥五闲阁

《大学》内外

大学章句序

（宋）朱熹

大学之书，古之大学所以教人之法也。盖自天降生民，则既莫不与之以仁义礼智之性矣。然其气质之禀或不能齐，是以不能皆有以知其性之所有而全之也。一有聪明睿智能尽其性者出于其间，则天必命之以为亿兆之君师，使之治而教之，以复其性。此伏羲、神农、黄帝、尧、舜，所以继天立极，而司徒之职、典乐之官所由设也。

三代之隆，其法寖备，然后王宫、国都以及闾巷，莫不有学。人生八岁，则自王公以下，至于庶人之子弟，皆入小学，而教之以洒扫、应对、进退之节，礼乐、射御、书数之文；及其十有五年，则自天子之元子、众子，以至公、卿、大夫、元士之适子，与凡民之俊秀，皆入大学，而教之以穷理、正心、修己、治人之道。此又学校之教、大小之节所以分也。

夫以学校之设，其广如此，教之之术，其次第节目之详又如此，而其所以为教，则又皆本之人君躬行心得之余，不待求之民生日用彝伦之外，是以当世之人无不学。其学焉者，无不有以知其性分之所固有，职分之所当为，而各俛焉以尽其力。此古昔盛时所以治隆于上，俗美于下，而非后世之所能及也！

及周之衰，贤圣之君不作，学校之政不修，教化陵夷，风俗颓败，时则有若孔子之圣，而不得君师之位以行其政教，于是独取先王之法，诵而传之以诏后世。若《曲礼》《少仪》《内则》《弟子职》诸篇，固小学之支流余裔，而此篇者，则因小学之成功，以著大学之明法，外有以极其规模之大，而内有以尽其节目之详者也。三千之徒，盖莫不闻其说，而曾氏之传独得其宗，于是作为传义，以发其意。及孟子没而其传泯焉，则其书虽存，而知者鲜矣！

自是以来，俗儒记诵词章之习，其功倍于小学而无用；异端虚无寂灭之教，其高过于大学而无实。其他权谋术数，一切以就功名之说，与夫百家众技之流，所以惑世诬民、充塞仁义者，又纷然杂出乎其间。使其君子不幸而不得闻大道之要，其小人不幸而不得蒙至治之泽，晦盲否塞，反覆沈痼，以及五季之衰，而坏乱极矣！

天运循环，无往不复。宋德隆盛，治教休明。于是河南程氏两夫子出，而有以接乎孟氏之传。实始尊信此篇而表章之，既又为之次其简编，发其归趣，然后古者大学教人之法、圣经贤传之指，粲然复明于世。虽以熹之不敏，亦幸私淑而与有闻焉。顾其为书犹颇放失，是以忘其固陋，采而辑之，间亦窃附己意，补其阙略，以俟后之君子。极知僭逾，无所逃罪，然于国家化民成俗之意、学者修己治人之方，则未必无小补云。

淳熙己酉二月甲子，新安朱熹序

大学问

（明）王阳明

吾师接初见之士，必借《学》《庸》首章以指示圣学之全功，使知从人之路。师征思、田将发，先授《大学问》，德洪受而录之。

“大学者，昔儒以为大人之学矣。敢问大人之学何以在于‘明明德’乎？”

阳明子曰：“大人者，以天地万物为一体者也。其视天下犹一家，中国犹一人焉。若夫间形骸而分尔我者，小人矣。大人之能以天地万物为一体也，非意之也，其心之仁本若是，其与天地万物而为一也。岂惟大人，虽小人之心亦莫不然，彼顾自小之耳。是故见孺子之入井，而必有怵惕恻隐之心焉，是其仁之与孺子而为一体也。孺子犹同类者也，见鸟兽之哀鸣觳觫，而必有不忍之心，是其仁之与鸟兽而为一体也。鸟兽犹有知觉者也，见草木之摧折而必有悯恤之心，是其仁之与草木而为一体也。草木犹有生意者也，见瓦石之毁坏而必有顾惜之心焉，是其仁之与瓦石而为一体也。是其一体之仁也，虽小人之心亦必有之。是乃根于天命之性，而自然灵昭不昧者也，是故谓之‘明德’。小人之心既已分隔隘陋矣，而其一体之仁犹能不昧若此者，是其未动于欲，而未蔽于私之时也。及其动于欲，蔽于私，而利害相攻，忿怒相激，则将戕物圮类，无所不为，其甚至有骨肉相残者，而一体之仁亡矣。是故苟无私欲之蔽，则虽小人之心，而其一体之仁犹大人也；一有私欲之蔽，则虽大人之心，而其分隔隘陋犹小人矣。故夫为大人之学者，亦惟去其私欲之蔽，以明其明德，复其天地万物一体之本然而已耳。非能于本体之外而有所增益之也。”

曰：“然则何以在‘亲民’乎”？

曰：“明明德者，立其天地万物一体之体也，亲民者，达其天地万物一体之用也。故明明德必在于亲民，而亲民乃所以明其明德也。是故亲吾之父，以及人之父，以及天下人之父，而后吾之仁实与吾之父、人之父与天下人之父而为一体矣。实与之为一体，而后孝之明德始明矣！亲吾之兄，以及人之兄，以及天下人之兄，而后吾之仁实与吾之兄、人之兄与天下人之兄而为一体矣。实与之为一体，而后悌之明德始明矣！君臣也，夫妇也，朋友也，以至于山川鬼神鸟兽草木也，莫不实有以亲之，以达吾一体之仁，然后吾之明德始无不明，而真能以天地万物为一体矣。夫是之谓明明德于天下，是之谓家齐国治而天下平，是之谓尽性。”

曰：“然则又乌在其为‘止至善’乎？”

曰：“至善者，明德、亲民之极则也。天命之性，粹然至善，其灵昭不昧者，此其至善之发见，是乃明德之本体，而即所谓良知也。至善之发见，是而是焉，非而非焉，轻重厚薄，随感随应，变动不居，而亦莫不自有天然之中，是乃民彝物则之极，而不容少有议拟增损于其间也。少有拟议增损于其间，则是私意小智，而非至善之谓矣。自非慎独之至，惟精惟一者，其孰能与于此乎？后之人惟其不知至善之在吾心，而用其私智以揣摸测度于其外，以为事事物物各有定理也，是以昧其是非之则，支离决裂，人欲肆而天理亡，明德、亲民之学遂大乱于天下。盖昔之人固有欲明其明德者矣，然惟不知止于至善，而骛其私心于过高，是以失之虚罔空寂，而无有乎家国天下之施，则二氏之流是矣。固有欲亲其民者矣，然惟不知止于至善，而溺其私心于卑琐，是以失之权谋智术，而无有乎仁爱恻怛之诚，则五伯功利之徒是矣。是皆不知止于至善之过也。故止至善之于明德、亲民也，犹之规矩之于方圆也，尺度之于长短也，权衡之于轻重也。故方圆而不止于规矩，爽其则矣；长短而不止于尺度，乘其剂矣；轻重而不止于权衡，失其准矣；明明德、亲民而不止于至善，亡其本矣。故止于至善以亲民，而明其明德，是之谓大人之学。”

曰：“‘知止而后有定，定而后能静，静而后能安，安而后能虑，虑而后能得’，其说何也？”

曰：“人惟不知至善之在吾心，而求之于其外，以为事事物物皆有定理也，而求至善于事事物物之中，是以支离决裂，错杂纷纭，而莫知有一定之向。今焉既知至善之在吾心，而不假于外求，则志有定向，而无支离决裂、错杂纷纭之患矣。无支离决裂、错杂纷纭之患，则心不妄动而能静矣。心不妄动而能静，则其日用之间，从容闲暇而能安矣。能安，则凡一念之发，一事之感，其为至善乎？其非至善乎？吾心之良知自有以详审精察之，而能虑矣。能虑则择之无不精，处之无不当，而至善于是乎可得矣。”

曰：“物有本末，先儒以明德为本，新民为末，两物而内外相对也。事有终始：先儒以知止为始，能得为终，一事而首尾相因也。如子之说，以新民为亲民，则本末之说亦有所未然欤？”

曰：“终始之说，大略是矣。即以新民为亲民，而曰明德为本，亲民为末，其说亦未尝不可，但不当分本末为两物耳。夫木之干，谓之本，木之梢，谓之末，惟其一物也，是以谓之本末。若曰两物，则既为两物矣，又何可以言本末乎？新民之意，既与亲民不同，则明德之功，自与新民为二。若知明明德以亲其民，而亲民以明其明德，则明德亲民焉可析而为两乎？先儒之说，是盖不知明德亲民之本为一事，而认以为两事，是以虽知本末之当为一物，而亦不得不分为两物也。”

曰：“古之欲明明德于天下者，以至于先修其身，以吾子明德亲民之说通之，以既可得而知矣。敢问欲修其身，以至于致知在格物，其工夫次第又何如其用力欤？”

曰：“此正详言明德、亲民、止至善之功也。盖身、心、意、知、物者，是其工夫所用之条理，虽亦各有其所，而其实只是一物。格、致、诚、正、修者，是其条理所用之工夫，虽亦皆有其名，而其实只是一事。何谓身心之形体？运用之谓也。何谓心身之灵明？主宰之谓也。何谓修身？为善而去恶之谓也。吾身自能为善而去恶乎？必其灵明主宰者欲为善而去恶，然后其形体运用者始能为善而去恶也。故欲修其身者，必在于先正其心也。然心之本体则性也。性无不善，则心之本体本无不正也。何从而用其正之之功乎？盖心之本体本无不正，自其意念发动，而后有不正。故欲正其心者，必就其意念之所发而正之，凡其一念而善也，好之真如好好色；发一念而恶也，恶之真如恶恶臭；则意无不诚，而心可正矣。然意之所发，有善有恶，不有以明其善恶之分，亦将真妄错杂，虽欲诚之，不可得而诚矣。故欲诚其意者，必在于致知焉。致者，至也，如云丧致乎哀之致。《易》言‘知至至之’，‘知至’者，知也，‘至之’者，致也。‘致知’云者，非若后儒所谓充扩其知识之谓也，致吾心之良知焉耳。良知者，孟子所谓‘是非之心，人皆有之’者也。是非之心，不待虑而知，不待学而能，是故谓之良知。是乃天命之性，吾心之本体，自然灵昭明觉者也。凡意念之发，吾心之良知无有不自知者。其善欤，惟吾心之良知自知之；其不善欤，亦惟吾心之良知自知之；是皆无所与于他人者也。故虽小人为不善，既已无所不至，然其见君子，则必厌然掩其不善，而著其善者，是亦可以见其良知之有不容于自昧者也。今欲别善恶以诚其意，惟在致其良知之所知焉尔。何则？意念之发，吾心之良知既知其为善矣，使其不能诚有以好之，而复背而去之，则是以善为恶，而自昧其知善之良知矣。意念之所发，吾之良知既知其为不善矣，使其不能诚有以好之，而复背而去之，则是以恶为善，而自昧其知恶之良知矣。意念之所发，吾之良知既知其为不善矣，使其不能诚有以恶之，而覆蹈而为之，则是以恶为善，而自昧其知恶之良知矣。若是，则虽曰知之，犹不知也，意其可得而诚乎！今于良知之善恶者，无不诚好而诚恶之，则不自欺其良知而意可诚也已。然欲致其良知，亦岂影响恍惚而悬空无实之谓乎？是必实有其事矣。故致知必在于格物。物者，事也，凡意之所发必有其事，意所在之事谓之物。格者，正也，正其不正以归于正之谓也。正其不正者，去恶之谓也。归于正者，为善之谓也。夫是之谓格。《书》言‘格于上下’‘格于文祖’‘格其非心’，格物之格实兼其义也。良知所知之善，虽诚欲好之矣，苟不即其意之所在之物而实有以为之，则是物有未格，而好之之意犹为未诚也。良知所知之恶，虽诚欲恶之矣，苟不即其意之所在之物而实有以去之，则是物有未格，而恶之之意犹为未诚也。今焉于其良知所知之善者，即其意之所之之物而实为之，无有乎不尽。于其良知所知之恶者，即其意之所在之物而实去之，无有乎不尽。然后物无不格，吾良知之所知者，无有亏缺障蔽，而得以极其至矣。夫然后吾心快然无复有余憾而自谦矣，夫然后意之所发者，始无自欺而可以谓之诚矣。故曰：‘物格而后知至，知至而后意诚，意诚而后心正，心正而后身修。’盖其功夫条理虽有先后次序之可言，而其体之惟一，实无先后次序之可分。其条理功夫虽无先后次序之可分，而其用之惟精，固有纤毫不可得而缺焉者。此格致诚正之说，所以阐尧舜之正传而为孔氏之心印也。”

德洪曰：“《大学问》者，师门之教典也。学者初及门，必先以此意授，使人闻言之下，即得此心之知，无出于民彝物则之中，致知之功，不外乎修齐治平之内。学者果能实地用功，一番听受，一番亲切。

师常曰：‘吾此意思有能直下承当，只此修为，直造圣域。参之经典，无不吻合，不必求之多闻多识之中也。’门人有请录成书者。曰：‘此须诸君口口相传，若笔之于书，使人作一文字看过，无益矣。’嘉靖丁亥八月，师起征思、田，将发，门人复请。师许之。录既成，以书贻洪曰：‘《大学或问》数条，非不愿共学之士尽闻斯义，顾恐藉寇兵而赍盗粮，是以未欲轻出。’盖当时尚有持异说以混正学者，师故云然。师既没，音容日远，吾党各以己见立说。学者稍见本体，即好为径超顿悟之说，无复有省身克己之功。谓‘一见本体，超圣可以歧足’，视师门诚意格物、为善去恶之旨，皆相鄙以为第二义。简略事为，言行无顾，甚者荡灭礼教，犹自以为得圣门之最上乘。噫！亦已过矣。自便径约，而不知已沦入佛氏寂灭之教，莫之觉也。古人立言，不过为学者示下学之功，而上达之机，待人自悟而有得，言语知解，非所及也。《大学》之教，自孟氏而后，不得其传者几千年矣。赖良知之明，千载一日，复大明于今日。兹未及一传，而纷错若此，又何望于后世耶？是篇邹子谦之尝附刻于《大学》古本，兹收录《续编》之首。使学者开卷读之，思吾师之教平易切实，而圣智神化之机固已跃然，不必更为别说，匪徒惑人，只以自误，无益也。”

中篇小说《夏天的公事》及《十棵大树底下》，隐约由文学角度，传达了儒家政治思想对知识分子无形的深层影响，故收录如下，以备互文感受。

夏天的公事

许　辉

李中接到这个任务，是在五月中旬。接到任务之后，领导和他都没感到是个任务，因为这任务只是个意向，还没有具体的细节和要求。过了些日子，人一忙，就把这事给淡忘了，因为不再有人提起；李中自然也不会主动提起，他是无所谓的，可去可不去，可干可不干。接下去天突然热了，电视里的天气预报每日都是高温，高温！高温!! 高温!!! 的报告，叫城市里的人受不了。

这时那任务忽然具体了。于是李中打点了行装，于七月十八日上午前往旅游汽车站赶九点钟的空调车，向夏城方向去。他出差了。

到夏城并不太远，两个来小时就到了。空调车如一只钻在蒸笼里的甲壳虫，那嗡嗡的一点点空调哪里能起到什么作用。等到了夏城，李中的白短袖衫已全淌湿。下了车，出了车站，他就打听了路，沿着街道一路找通知上注明的那个宾馆去了。

夏城宾馆在大街边的小巷里，小巷仅容两辆小轿车慢行交会。巷边竟长了一排参天大树，是英国梧桐，把巷子遮得无多少阳光，看上去凉爽多了。

宾馆自然很大，占地甚广，一眼望过去，除了各式各样五十年代、六十年代、七十年代、八十年代的建筑外，就是参天大树，这对于煎熬于炎热之中的人来说是个良好的慰安。李中在宽敞的接待大厅里问清了报到处之后，便转而往十三号楼去了。

到了十三号楼，一进门，凉气就扑过来解暑，原来这是有中央空调的一栋楼。李中在服务台说明来意，服务台那位很年轻，因而也就很美的小姐，破了各处宾馆的惯例，很客气地从服务台里出来，领着李中到二楼报到处去。他们一前一后地走在铺着红地毯的走道里，到了之后，那小姐在那门口说了声“请”，才又转身往回去了。

原来屋子里已经有了七八个人了，见了李中，大家都起身迎他。一位五十多岁的中年人，精瘦，倒也显得精明能干，跨前一步道：“请进请进，天气太热，辛苦辛苦，请问你是……”“我叫李中。”李中说。那中年人马上就反应过来了，忙又说：“噢，李中同志，你是第三个到的，路上很热吧？”李中说：“太热了，人又多。”中年人说：“我来给你介绍一下。”两个人便面向那六七个人了，中年人先介绍说：“这位是……李中同志，”又指点着屋里人道，“这位是张主任，这位是刘主任，这位是单部长，这位是赵局长，这位是王总编，这位是朱局长，这位是谭局长，我叫……”内中有人接上说：“这位是江部长。”都笑了笑，一一握手。江部长说：“请你跟我来一下，你住在230房间，跟老汪住一个房间，他人胖些，夏天日子不好过，你们以前不认识吧？”李中说：“以前不太熟。”江部长又问：“怎么老夏没到？”李中说：“老夏我也不太熟，只听说过。”江部长说：“老夏的经验丰富啦，跟他在一块，不用你操心问事，他能把一切考虑得周周到到，他以前也是从我们这里上调上去的。”李中“噢”了一声。

住下来，江部长就来喊他们去吃西瓜。吃过西瓜，闲聊一时，又吃西瓜，又闲聊一时，又吃午饭，喝了点啤酒。餐厅很干净、清雅、凉爽。吃过了他们就回房间睡午觉，有空调，太舒服了，好像一辈子没睡过什么好觉。他们猛睡一觉。一觉醒来，已是下午四点多钟。起来又闲聊、等人、吃西瓜。又吃西瓜、吃晚饭，又喝了些刚从冰箱里拿出来的啤酒。这一天过得真不错。李中很快就安定下来了。

吃过晚饭，李中跟老汪一块回了房间，在房里坐定，李中道：“近晚了天怕能凉快些，你我二人不如出去走走，不知你以前来过没有?”老汪道：“没跑头，小城市，没啥跑头，况且外头的高温我也受不住，我人太厚。”李中想想道：“你这话确有道理。但这地方我以前从没来过，总得知道是个什么样子。那我就出去走走了。”老汪道：“你去你去。”又说，“不如我洗过澡把水给你放好，你回来也能清净清净，这里的热水晚了恐怕就没了。”李中说：“麻烦你，那我就出去了。”

李中独自一人也随便。出了大楼，暑气顿时扑面而来，身上脸上都感到热烘烘的，虽说已是天初黑的时候了，但暑气也见不着有多少消退，李中晃晃荡荡，东瞅西看，就到了街上。街是长街，似望不见尽头，路灯一路去了，橙红的一线。街边人行道上有树，梧桐，枝繁叶茂，李中便走在人行道的梧桐树下，很有节奏地慢迈着步子，一步一步地往前去。

原来行人和骑自行车的人并不遵守交通规则，都在护栏内的机动车道上慢行慢逛，这也许是入夜的原因。街上的人都着短裤或短裙，在晚间的朦胧光里，虽瞅不出个详细，但也能感到这小城市的人健康、饱满、旺盛。李中一路走去，不觉已到了一处十字路口，右手的方向似乎更宽阔些，人来人往也好像多些，李中便往右手去，抬腕看看表，已是十点多钟，天上的星都早已出齐了。

走过五七十步，身边渐出一道护栏，原来下边有水了。李中这才发见是到了这城市市中的一处波涛边，湖边的灯光倒映在水里，使李中能推测到那一边有多远。脚下的人行道也渐宽渐阔，围栏边和人行道上的乘凉人也渐多起来，大都是一领小席甚至就是一方报纸，人手一扇，轻摇慢扇，有些孩子则趴到护栏上玩，但也玩得安静。

李中顿觉凉爽了许多，虽说身上仍不间断地溢出汗来，但毕竟因为有了水，人的感觉就好一些。李中便仍往前走，只是走得更慢，在坐着乘凉的人中间择路而行，倒也别有意趣。

再走一段，人行道终端变成一个小广场，场上的人更多，耳边不时有芭蕉扇扑在腿上身上的响动。李中便寻到一处护栏，趴在上面，望着脚下的水，听着身后的人声，心情倒真的安静下来了，觉得暑时在外地能觅到这样一处地方，也真有点情趣。

才这么想着，耳边隐隐地，竟有一曲丝乐飘来，在耳鼓里拨得好清晰，点滴分明，而且动情得很。李中颇感惊讶，便四下里望去，望仔细了，才望见宽宽广广的水中，似有一座小岛，在夜色和星光里，若隐若现，若即若离，飘飘缈缈的，望不太真切。

李中想，这便是了，那丝乐必是从那岛子上飘来的无疑。这样想了，便愈发静下心来，竖起耳朵，去捕捉那若即若离的曲声。古人云，心诚则灵。背后的嘈杂声一隐去，那丝乐真又飘然而至，奏在李中的耳鼓里，声不大不烈，却处处清晰，点滴分明，甚是动情，如泣如诉。李中听得了，心里竟泛上些酸酸的味道，抽抽地有情而至。这样一赶逗留到夜深，才转返宾馆。老汪自然已将洗澡水代他放好，他谢过老汪，跳在池里洗了个好澡，便上床去睡了。空调自然叫人睡得好，一夜无话。

第二日晚饭后，两人又到房间里，李中道："老汪，昨晚怎样？留在宾馆也很闷人吧，不如我们一起上街里走走，我发现一处地方，有个湖子，可以乘凉，很不错。"老汪道："那地方，我去过的，人声太乱了些。"又道，"我也发现一件妙事，待天黑了，夜风起来了，可以找一领席头或带张报纸，上宾馆院里的草地上去坐睡，那可真风凉死了。"李中道："那我就还去逛逛。"老汪道："好。"

李中便又出了门，往湖那边逛去。不觉间就来到湖边护栏旁。广场上仍是一地人，有三三两两的，有独坐的，有一对人儿趴在护栏上喁喁私语的，有在人多处昂首信步的，嘈嘈杂杂，但人声却并不大，加在一起更像一种很丰富的背景声音。李中走到此处，短袖衫已被点点汗珠儿给洇得有湿有干了。天上还是一天好星，湖上有些小小的风儿拂来，也能显示出盛暑夏夜的一点柔情来。

李中在护栏上趴着，那背景声音在身后深远、丰厚却喁喁地绵绵响来，这时他心便静了，心间想，这倒真是一个好去处。正想着，那柔柔的丝乐声竟又在耳畔浅浅泛起，如泣如诉地来漫他的耳鼓，声音虽然不大，却点滴分明，处处清晰，情深意笃，叫人浮起抽泣倾诉的愿望，叫人想像小孩子那样毫无顾忌地委屈地嚎啕大哭一气。李中这会也不知自己是怎么了，心里有些抽抽的，好像自己受到了许多委屈、许多艰苦，现在突然地遇见了一个知音，心弦叫她给拨动了，就想靠在她身上，依靠她，叫她给自己些安慰和支撑。李中想不出原委来，因为他一直还算顺利，没遇见什么大反复；或许是在城里过得长了，叫生活里的琐事给弄累了。

这样一直到深夜，李中才转返宾馆。洗了澡，身上清爽了，空调又清凉凉的，正好睡觉。一夜又无话。

李中来夏城的第二天上午，人到得差不多了，会议就按期举行。其实不是什么很正式的会，主要是先介绍本市情况，这情况包括各个方面，经济、地理位置、特产土产、风景名胜、改革形势、企业状况、有突出表现之人物，等等。因来开会的都不是一般单位的一般人士，所以市委书记、市长等一干人都到了，以示重视。

按照惯例，有关人士都发了言，讲了话，作了表示。上午散会时，已在十一点半钟，散会后略坐一坐，几十个人便鱼贯而入餐厅就餐，到这时大家也都真饿了。

餐厅十分风光，宽宽敞敞典典雅雅的，跟大城市的中等宾馆并无二致。最受欢迎的当推餐厅里的四台立式大空调，虽然噪声有一些，但阵阵凉风袭来，使人神清气爽，全忘了天还在盛暑之中。大家都坐定了，李中身边正好坐着江部长，等着上菜的时候，江部长便跟李中说道："怎么老夏还没来？也没电话来，大家都在等他，他不来这会开着还真有点不安心。"李中道："可否打个电话去问问?"江部长说："电话已经打过了，那边说老夏来是一定要来的，但什么时候来却不能定，叫我们按计划先开着。"李中道："那暂时只好这样了。"停了几秒，李中找个话题问道，"江部长是哪里人?"江部长说："我就是本地人，在这里生活了五十年。"李中道："那真是老夏城了。"江部长说："老夏城倒不敢说，对大街小巷、方言土产倒都了如指掌，这几十年也把全市四县的每个乡集都跑了一遍。"李中闻说，口里连声赞道："了不得，了不得!"

正说着，菜都上来了，江部长也忙起来，开了酒瓶，给桌上的每个人斟满。酒是古井贡酒，刚才李中从餐厅处的小卖部走过来，看到过这种酒的标价，每瓶是七十三块五毛，他自然是不会买的。酒斟好了，市委书记便跟各位碰杯，喝了一会，又上来几样炒菜，都是水里或天上的动物，大家便伸了筷子去夹，江部长说：“这道菜有个名字，叫双凤戏鲤。”老汪道：“怎么叫双凤戏鲤？”江部长说：“这是两只幼鸽，就算凤了，做起来都有讲究。”老汪道：“什么讲究？”江部长说：“先把幼鸽的气道掐住喽，这气道就在翅上，外行人摸不准，自然做不成。掐住喽，幼鸽就昏睡过去，毛、翅都不乱，心血也不乱，鸽味就正。”李中道：“这真不容易。”江部长说：“那是。”又道，“然后就将整鸽拿到笼里蒸，要烈柴猛火，过十多分钟就好，出笼后再去毛破膛，那鲜嫩味道已留在鸽肉里了。”

众人听了他的宣传，各自都跃跃欲试，撕夹了鸽肉、鲤肉放在嘴里吃，肉味果然鲜嫩，在嘴里咀嚼如同吃细水嫩豆腐，其味美妙无比，都赞不绝口。正吃着、说着、赞着，又上来一道菜，酱汁瞧上去挺浓，颜色却浅，呈淡草蓝白色，服务员端它上来的时候，那一阵清淡香气便溢了满桌。老汪道：“这又叫什么名字？”市委书记道：“这叫金雀争春。”李中道：“怎么叫金雀争春？”书记道：“我们夏城市夏城县北部，有三种地貌，靠北是平原，那真是一马平川，没一点坑坑洼洼；往南走上几十里，地势渐高，平均约高出平原区五到二十米，是老大的大草场子，那也望不见边，只是有少量的缓坡土岗，不如平原区平展；再往南走上几十里，就是丘陵岗地了，虽不算高，却也是险峻之处。夏城县的妙处就在这里。”

众人都咋舌。书记又道：“在草场区就有一个集镇，叫金雀镇，也是个好地方。草场上生着一种叫雀，小巧玲珑，独独生在夏城县的草场上，就叫金雀，喜欢鸣叫，叫起来好听，这菜便是拿金雀制成的，在外地还吃不到。”众人都听得入迷，待书记讲完了，纷纷一饱口福。老汪边说边道：“不好家养，放在鸟笼子里半天，它就郁闷死了。”听了这话，大家都唏嘘不已，一时间，只听得见酒具、餐具和牙齿响了。这顿饭也只吃了一个半小时。

当日的晚餐陪客就少些，因此减了两桌。因夏日里天黑得晚，所以天还大亮，众人便三三两两鱼贯而入餐厅。江部长仍在李中旁边就坐，李中随口问道：“暑热盛夏之中，咱们这城里人晚上到哪里乘凉最好？”江部长想了想道：“这个还真说不准。”李中道：“市城有个小广场，广场边上有个湖，我昨天晚饭后逛了去，那地方还真凉快点。”江部长说：“凉快可能真凉快点，就是太嘈杂，吵人。我也是老长时间没有晚上到那里去了，太忙。”李中说：“就是，太忙就分不出时间来。”江部长说：“没有办法。”

菜都上来了，有个男服务员拎了一捆啤酒来，放在桌子边，江部长对桌子上的人讲："天热，咱们就不喝白酒了，喝点啤酒，也能消消暑气。"众人都说"随便"，服务员便开了瓶口，给每个人都倒了一满杯。

啤酒难不倒人，因此在座各位都开怀畅饮。边吃边喝中，江部长说："我们都想着老夏能来，他却不来，叫人想他。"大家听说，都笑起来，老汪道："不要着急，不要着急，他会来的。"江部长说："那是，只是迟早的问题。"李中说："没错。"

转瞬间一天就过去了。虽说是坐在屋子里头听情况介绍，但那种盛夏酷暑的味道仍在许多地方趁隙而入，叫人过得艰难。这一天过去之后，到第二天上午，按照原定计划，就是集体行动，到附近的一些工厂、集市、单位等去听介绍、听汇报，去参观。这不是件容易的事，老汪在晚上看电视时已经注意了天气预报，未来的几天仍是高温天气，最高气温可高达 42 度，这是个要命的数字，老汪连说："没有办法，没有办法，谁叫咱们摊上这档子事的。"

第二天上午，吃过早饭，三部小面包已经来了。这次他们一行人由王市长和汪部长等人陪同，市里有关部委办局也都来了负责人。李中他们上了车，车便相跟着驶出了宾馆，往街上去了。

街是新街，水泥路面，宽敞，有行车护栏。车开着，老汪问道：

“这是新街吧？”王市长说：“这是新街，是前年才建成的。老街在里面，大大小小也有二三十条街巷，前几年北京来人拍外景，就选在老街上，都是石板路。”李中道：“现在老街是越来越少了，我前些时候看到个资料，说我们国家有特点的老街，到下个世纪初，就要全部没有了，到那时候就看不到了。”王市长说：“这问题确实有点麻烦，老街大都是私房，不好统一规划、统一安排，而房子、道路等，是迟早要坏的，不保护怎么行？但修缮、保护又需要资金。这笔钱从哪里来，又怎样分配，都是不好解决的问题。还有，老街的居民也要现代化、赶潮流，也要变着法子去发展经济，去挣钱，这都是正当想法，你总不能以保护老街的名义进行阻止吧，所以这里面还有个适度的问题。”李中说：“确实不是件简单的事情。”

面包车在水泥路上开得很快，因为路上的车不算多。行人和自行车都靠路边有树荫的地方走，车外路面上的温度已经渐升起来了，车里还好，因为车窗都开着，风呼呼地往里头吹。

到了老街，一行人都下了车，散在车边，阵势好大，来来往往的人都看他们。李中跟江部长站在一起，便找话题道：“江部长，王市长不是本地人吧？听口音不像。”江部长说：“你看得很准噢，老王确实不是本地人，他是淮河边正阳关人，前年才调来夏城。”李中又道：“那他是一家都来了，还是一个人来的?”江部长说：“他是一个人来的，他老婆在正阳关街道上，按说他趁这个机会，把老婆转到城里来，转个干部身份，弄个机关工作干干，不是件太困难的事”李中说：“他不干?”江部长说：“他不干。”又说，“老王一个人在这里也真不容易，天天吃食堂，胃病也犯了，他干工作也没个时间，白天晚上闲不住，一日一夜能睡三五个小时就不错啦。”李中说：“王市长真不容易。”

上午由老街管理办公室接待，看市场、听介绍、口授汇报，一直到中午才完。大家到厕所里轻松轻松之后，便有管理办公室的一位年轻人引路，往老街的深巷里拐弯抹角地走。大家一边走一边闲聊、闲看。太阳很毒。许多人都拿文件包或笔记本盖在头上，也无人问是往哪里去的，客随主便，主人自有安排，客人不可冒失，不可失礼。转了一气，也搞不清转到了哪里，忽然见到路边的一根水泥柱子上，挂着一面黄旗，上头有几个大红字，叫作“巷子深酒馆”。因为午时天热无风，所以那面旗纹丝不动，甚是显眼。带路的年轻人便无所指地向后头喊一句：“到了。”大家才知到了，便都仰面瞧那面旗，瞎议论道：“巷子深酒馆，这巷子也够深的，叫我自己走出去，怕得转一天。”另一个道：“巷子深是什么意思？讲不出来，哪位给解释解释。”带路的年轻人听见这句话，便大声道：“巷子深是这么来的，以前有句老诗，叫‘好酒不怕巷子深'，就这么来的，说明这里有好酒好菜，叫大家都来吃，光临光临。”众人都参差不齐地“噢”了一声。讲完了，那带路的年轻人便领着大伙进去了。

酒馆里也深，有三四层。第一层是门面，煎炒烹炸都在这里，右手是个大通间，摆着三五张大方桌，供一般顾客猜拳、吃饭、喝酒，出了门面这一层，往后走，又是一层，有四五个房间，一行人迤逦而过，左右望去，见都是两桌一间的雅座，都有人占住了，或喝或吃，各有姿态，吊扇都转得呼呼的，在座诸君大都赤膊上阵，吃喝得大汗淋漓，好不叫人羡慕。

出了这一层，再往后走，又是一层，人从过道里走。左右两边装着雕花门，门上门下大红大绿，虽有些土气在里头，但也反映出不少民间文化意趣，颇吸引人的眼目。各门的门楣上都挂着一块横匾。上头各书着杏花厅、槐花厅、榴花厅、梨花厅、桂花厅、牡丹厅、鸳鸯厅、猛士厅等等。一众人都驻足观望，嗟叹不已。那带路的年轻人道：“人各有喜好，结婚新禧的爱挑鸳鸯厅，谈朋友聚会的爱挑牡丹厅，哥们义气的爱选猛士厅，春暖花开时杏花厅、桃花厅日日都爆满，预定房间有时得提前三五天。”各位听了，更加叹息不止。看了一时，议了一时，便又往后一层去了。

后一层便是最后一层，原来是个偌大的院落，院落里头，错落有致地散建着一些仿古建筑和现代建筑，规模都不大。院中空地上挖了些小池，拿水泥抹上，各池间都有人工的弯曲小水道通连，池中大多植了荷，也有放了鱼的，并不是观赏鱼，都是些鲤鲫之类，浮上游下，别有情趣。进来的人立时散到各处，去看新鲜，原来那些零散的建筑，也各有名堂，中国式的，叫北京厅，日本式的，叫东京厅，巴黎厅、香港厅和纽约厅倒分不出彼此来。这当然都只有大概的区别，不能严格对待。众人赞不绝口，纷纷落座四方乱看。院中还有些竹丛树影，甚是雅静；风扇也都开了，风来风去，也挺凉快。众人都道："好去处，好去处，想不到夏城这巷子深处还真有藏而不露的。"众人都抚掌大笑。

说笑间，有几个年轻的女孩子，便摆上香茶，端上脸盆毛巾。女孩子虽都不出众，却也干干净净，望见了叫人心里清爽。洗了脸，呷了茶，凉菜便上来了，这时大家才觉出肚里的饿来。

午间休息了两个小时，起床后他们便按照预定计划，驱车到离城二十华里左右的一个叫重镇的镇子去参观，听汇报和介绍。

天在这时已是极热，一行人分上了三辆面包，江部长仍和李中他们坐一车。坐好了，门关上了，空调已开起来，凉气渐出，感觉好多了。车在骄阳高照的柏油路面上滋滋地高速行驶。路两边先是楼房，后是平房，再后来就只有零零星星的房子了。路两边树木渐多，庄稼也渐多，红麻成林，黄豆绿秧铺成一片，真个是一派乡村景象。

路边田地里的沟沟塘塘，鹅鸭甚多，这里一片，那里一片，白云飘浮，甚是动人。满车人都不讲半句话，只是看窗外这种景象。如此这般的景象，若在大城市里，恐怕十年八载也难见一回。众人因此便噤了声，陷在窗外的境界中。

车到重镇，下了车，热浪扑面而来，大家这才又回到现实中来，便各自寻了树下凉荫处站定，等候组织者安排，在车上的那种心境自然就全没了。地原来是沙土地，老汪摇着折扇，喘着牛气道："也怪，这样的沙土，盖房子怎样能立得稳?"另一人接上道："是地基打得深。"老汪又道："地基打得深，不仍是打在沙土里么?"那人便语塞了，嗫嚅道："那可就讲不清啦。"正说着，镇上的干部都迎过来了，见大家都立在树荫下，满脸是汗，心里便不安起来，慌忙接着众人进了镇政府办公室，吃瓜、喝茶、洗脸、消暑，慢慢地安顿了心绪。

这日下午安排甚紧，听完汇报，看完企业、镇容，已近日暮。镇上留住吃饭，市里的几位负责人考虑来考虑去还是谢绝了，一来宾馆那边已经安排了晚饭，讲好回去吃的，二来归途中还有个项目，就是去看一个村的植树，这都是事先安排好，列在日程里的，不能轻易漏了。李中他们倒无所谓，市里怎么安排他们就怎么动，大家就上了车，往来时的路上去了。

车在柏油路上开了一小会儿，便转到一条小公路上，路上、路面也是沙土路面，倒平展得很。路两边的庄稼离路很近，在车上看，就觉得那些绿庄稼都正在涌过来，包围着车，叫人觉着轻松、凉爽些。

树也多起来，泡桐都植在庄稼地里，成行成排，很是可看。渐渐车头前又现出一道缓坡堤影，打稍远处看去，那堤影上树林极浓密，绿匝匝的，如大地的一道极浓黑的眉毛。这时天已近暮晚，二是夏日的暮晚夕辉绚烂，不会轻易褪去罢了。车到林边，大家下了车，便往堤上林里去。

将近林子，各位心情都莫名地有些兴奋，许是天近暮晚，暑气渐褪、气温较为宜人的缘故，又许是城里人难得上大自然里来走一遭的缘故，又许是出差开会，这就是工作，无其他牵挂的缘故。大家先先后后都入了林，林子里果然厉害，群雀在这里那里地哄吵。不过因着地势广大，不似城市里那般狭小，所以雀子再叫也显不出烦人的味道来。

林子里稍暗些，却凉爽多了，人中有雀跃的，道："不如晚上我们就在这里过一夜。"另一个道："那你吃什么？"第一个道："派两辆面包回宾馆，把那几桌晚餐拉来。"听者都开怀大笑，江部长道："能在这里盖几间茅草房，开个避暑山庄，倒真是不错。”人家都点头称是。

村里的干部早已在这里，此时便带着他们乱看。也有提些问题的，村干部便一一作答。双方都很轻松。

林子全是刺槐组成的，每棵长有大碗口粗细，直上云天。在树下仰头往上看，枝枝丫丫交错，望不见梢头和太多的天空。众人在林子里，竟有些得意忘形，有昂头看树上的老鸦窝的，有站在树后开怀“泄包袱”的，有对着树上的雀子吁声大叫的，有倚在树干上抽烟喝茶的——茶杯自然举了一路，或装在包里，或捧在手上，这都叫习惯。

逛玩了一时，不知不觉间天色黯淡下来，江部长便招呼各位上车，说再晚回去吃饭就来不及了，宾馆不能老候着。大家依恋不舍地出了林子上了车，这时天竟要全黑了，一瞅表，已近八时半了。车便相跟着开足了马力往城里赶。

上了柏油路，黑影就上来了。车上的人兴奋过了，这时都哑着，望着到宾馆，好好吃一顿，洗个热水澡，躺在空调房间里看着电视睡个好觉。正走着，前头那辆车突地往左一拐，后面的两辆车也就跟上去，车上的人都摸不清头脑，车便在路畔的一排房子前停住，原来墙上有块牌子，上头写着几个字道：“城郊乡乡政府”。

李中他们摸不清头脑，日程上也没安排这个项目，所以都待在车上没下车，等着有人来打招呼、来安排。这时市里来的几位同志都在车下忙，这屋出那屋进，李中他们在车上，就觉着市里的几位同志真是辛苦，心里真过意不去，却又帮不上他们什么忙。

大约过了十分钟，乡政府的两位负责人来请大家下车，上会议室里休息、喝茶。大家就下了车，到会议室里，擦了脸，找了椅子坐下，喝茶、抽烟、吹风扇、休息。

大家都坐定了，江部长开口说道："刘乡长，这些同志都是领导机关来的，你汇报汇报乡里养鹅鸭的情况吧。"刘乡长就是刚才招呼大家下车的两个人中的一个。他长得较黑，却有精神。听了江部长的话，刘乡长说："好。"就开始介绍乡里的基本情况和鹅鸭的情况，也不用笔记本，信手拈来，很是熟稔。李中他们便拿出笔记本来记，虽然心中还是摸不清多少头绪。

刘乡长介绍说，他们乡有养鹅鸭的传统，在明太祖时就有鹅鸭如云的记载，当地新产鹅鸭绒厚、肉细嫩、个头大，其中鹅鸭绒是做羽绒服装的上等原料，现出口二十多个国家和地区，可换取大量外汇云云。大家开始还有些疲惫的感觉，听进去之后深受鼓舞，会议室里也静下来，众人都听得万众一心。那刘乡长也是深明事理之人，既讲得抓人，又短小精悍，讲着讲着戛然而止，转脸对江部长说："俺们乡是小乡，也没有太多的东西汇报，各位领导忙了一天，也累得够呛，不如先去吃饭，吃了饭后各位领导也可早早休息。”江部长说：“那也好，以后时间从容了，我们再来好好看，城郊乡可看的东西不少哩。”刘乡长说：“还请各位领导批评、指导。”说着，便站起来，请大家跟他走，吃晚饭去。大家也说不出什么来，便站起来跟他走，上了车，车开到柏油路上，在一家饭馆前停住，大家便下车了。

公路边的饭馆自然有许多。李中他们下了车，便打量这个饭馆。这个饭馆也有名目，名字叫“菜根香饭馆”，是拿红颜色笔写在饭馆门楣上的白石灰墙上的，被一盏电灯照得清楚。这名字怕也有个讲究。众人便问刘乡长。刘乡长道：“菜根都能做出好饭菜来，可想这家饭馆的价廉物美了。”众人都说：“有道理，有道理。”其中一人又问道：“莫不是菜类全拿菜根之类的物件做成？那倒也有特色。”刘乡长沉吟了一下道：“有倒有菜根这道菜，却不能全拿菜根做成一桌酒宴，这到底也还是乡间的一个饭馆，比不得城里。”众人听说，又都连连点头说：“有道理，很有道理，很有道理。”一行人便鱼贯而入馆内，在方桌边坐好了等吃。

饭馆确如刘乡长所说，是乡间的饭馆，雅座也只是拿秫秸隔起来的，方桌上油油腻腻，要是习惯了或饿狠了，也就不觉着什么了。雅座四壁悬挂着些横匾，有上书开业志禧的，有上书感激热情服务的，花花绿绿，也能渲染起不少气氛。正看着，凉菜热炒轰轰隆隆地上来了，上了一桌子，刘乡长道："招待不周，请各位随便吃点。"大家都饿了，客气一声，便纷纷猛扫。吃了几口，刘乡长又道："各位随便吃点。江部长交待了，四菜一汤，不超过标准，我们自然不能突破。不过羽绒厂的沈厂长听讲了，就觉得过意不去，从自己的承包奖金里拿出几个钱来，给各位加几个菜。所以请大家放心吃饱，绝不要有任何负担。"众人听罢都哈哈大笑，有的问："沈厂长来了没有？"刘乡长说："他事情多，托我给各位领导捎个话带问个好、抱个歉，他来不了了。"众人里有七嘴八舌的："谢谢，我们也不客气了。"桌上有几个盘子很快就吃空了，大家确实是饿到劲了。

正说着，又上来一轮菜，有没有菜根谁也没顾上注意。残盘子撤了下去，新盘子端上来，大家都吃，吃着吃着，速度便慢下来，李中腾出嘴来，问刘乡长道："刘乡长，你就是本地人吧？"刘乡长道："祖宗八代都吃这里的土。"李中道："现在乡镇企业怕也难。"刘乡长道："说句不中听的粗话——蛋都努掉了。"众人听见都开怀大笑，觉着刘乡长这人真不错，拿得起放得下，可以，可以。

这一天都累坏了，一夜无话，第二天上午大家起得都不早。起来后吃了早饭，江部长跟到李中房内，对李中和老汪说：“按照日程安排，今天该分散到各区县去了，可老夏还没到，真叫人发急。”李中道：“电话也没来吗?”江部长说：“电话倒是来了，是他办公室的人打过来的，讲老夏来是一定要来的，但什么时候来，现在还说不定。老夏确是太忙了。”老汪讲：“老夏来了一切事情都好办了。”江部长说：“一点不错。老夏来了我们能轻松很多。他动脑子、动口，我们动动手，就行了，一切事情都能办得有条有理，而且绝不会办错。”李中说：“就像有了依靠一样。”江部长说：“那可是。”

这样闲谈了一时，江部长被人喊走了，急急忙忙地。李中和老汪都替他急，天这样热，担子都压给他，也够他受的。李中、老汪两个在空调房里喝喝茶，抽抽烟，歇着息。快到十一点的时候，江部长急急忙忙又来了，进屋坐下，道：“老汪，按照老夏原来的安排，请你和老张到河东县去，吃过午饭就走，车子都安排好了，你看这样可行?”老汪讲：“行行，没问题，没问题。”江部长说：“那就辛苦你了，天这么热。”老汪说：“没什么，行。”江部长又说：“李中同志，我们还想征求下你的意见，按照老夏原先的安排，老夏和你两个应该到金雀镇去的，可老夏偏又日理万机到现在也没能抽身，所以我们想听听你的意见，怎么办?”李中想了想道：”老夏不去心中还真没有底，不过他是肯定要来的，不如先就我一个人去，你看怎样？”江部长说：“我们尊重你们的意见，你们都是领导机关来的，我们的任务就是安排好各位的生活，给大家的工作提供方便。那就辛苦你先去一趟，待老夏来了，就好办了。”李中说：“好的，我自己先去。”江部长说：“下午也有车送你，我再派办公室的小蔡陪你去，给你安排好了，再回来。”李中说：“这几日也把你们忙坏了。”江部长说：“我们没什么，能叫各位满意就好。”

午餐自然较丰盛，但也不是最丰盛，因为会议尚未结束，各位只是先到各区县去，三天后还要回来集中，才告结束。吃罢饭，各人都串着讲讲话，问问去向，打点打点行装。老汪望着窗外焦干的水泥路面，面带忧愁地说：“这样热的天，也真要命啦。”李中也很同情他，因为老汪太胖，在酷暑盛夏里工作，是真不容易。

下午一点半之后，小车陆续来了，把人接走。后来来了一辆“上海”——这种车在这里也是中等水平的车——车上下来一个年轻人，不到三十岁，胖乎乎的，戴着一副眼镜，进了宾馆把李中接出来，上了车，车就启动，往城外开去了。

上了车，李中就感觉到已经开始了另外一个档次的生活了，因为这辆“上海轿子”里，只有一台顶不管用的空调，且噪声又大，司机索性将它关上，而把车窗部摇下来，叫风吹着。自然的空气温热灼人，李中便觉着身上的衣服都受了感染，都温热灼人起来，脸上也叫那热风吹得发烫。但这样竟也很快适应了。小蔡便和李中讲着话，随口谈些事情。

小蔡道："草场区确也是个好去处，同高原没有多少两样，只是规模略小些。"李中道："既然那里的海拔较高，像这样的季节，气温怕也能低一些。"小蔡道："那可不。大约能低个两三度，况且晚上更凉快些，因为那里到处都是草，都是植物，又有一条河打镇子边上穿过去。"李中问："那条河叫什么河?"小蔡道："那条河叫金雀河，河滩老宽，你晚上在那里走走，真棒极啦。"李中说："那可好了。"小蔡又说："江部长老家就是金雀镇那附近的。"李中"噢"了一声，说："江部长这人干事情踏实，很难得，这样的年纪了。"小蔡说："那可是，江部长的爱人这段时间还生病住院，他忙得连去医院看看的功夫都没有，况且他自己身体也不好，有好几样病，办公室的抽屉里摆了一抽屉药。"李中又"噢"了一声，有些感叹的意味。小蔡说："只可惜老夏没来，我们就跟没有主心骨似的。"李中说："就是。不过他肯定要来的。迟早的问题。"小蔡说："是的。"小蔡又说，"我还没见过老夏，还不认识他。"李中"噢"了一声。

“上海轿子”驶在平原上，一眼望去青葱一片。车驶到田野里，风也软了许多，车上的人都觉得舒服些。车走得飞快，在田野里有一种徜徉的味道——当然是远看的感觉——车就像是一种天蓝色的什么橇，滑得好开心，好潇洒，味道好极了。到了一处地方，前不巴村后不巴店，车便停住，车上的人都下车来撒尿。然后他们又上车，司机说：“前面就快入草场区了。”

地势果然渐渐高了，公路是往上去的，虽然坡度很缓，但到底是慢慢往上头去了。庄子看上去逐渐减少了，树也减少了些，草地、田地却多起来，天地更开阔。李中望着窗外，便有些感慨，道：“这真是一处好地方。”小蔡道：“也有些奇怪，在内地还能有这样的地方，又不是在高原上。”李中道：“确是好地方，名不虚传。”

车越上越高，甩在车子后头的树啦什么的，逐渐就只剩着树梢了，再往车外头望，就觉着是到了圆球上，草场外头的东西，都慢慢地转到下头去了。果然也有些雀子，飞得甚是灵巧，一上一下地、忽上忽下地、忽高忽低地、忽左忽右地、忽快忽慢地在草场子上头飞动。李中指点着道：“那怕就是叫金雀的雀子。”小蔡道：“就是金雀，叫起来好听。”李中道：“叫起来是什么样子?”小蔡撮着嘴学了一学，道：“学不好，不如我们停住车，站在车外头听听。”李中说：“好。”车就在路边停住，两个人下了车，往路边的草里走去，竖起耳朵听那雀子的叫声。那雀子的叫声果然好听，如软金碎玉敲在一起，响得撩人春心。听了一阵，两个便感叹着上了车，车便直往金雀镇去了。

车在路上磨磨蹭蹭，这站站，那看看，到金雀镇时在五点左右。兴许市里和县里都已经打电话来了，赶在他们到镇委、镇政府时，镇委书记、镇长以及副书记、副镇长一干人，都已在镇政府办公室等他们了。

镇上自然热烈欢迎他们的来到，办公室里坐了一屋子人，先洗了脸，然后便开西瓜吃。镇委书记姓金，镇长姓马，因此闲话的时候，李中便说："金书记怕是本地人吧，这姓就好。"金书记道："错了，错了，我是淮河边上正阳关的，马镇长倒是本地人，在这里生活了四五十年。"李中也觉有趣，随口又问道："那金书记跟王市长是老乡啦。"金书记道："不错，我跟王市长是老乡，有一阵子打正阳关出来好些干部。"李中说："是对调吧？"金书记说："也有调配，也有提拔。"李中道："好地方。"

说说讲讲便到了六点多钟，金书记出去一趟，回来便征求李中的意见道："老李（其实李中并不老），我们是不是早些开饭？小车还要回去。"李中说："请你安排吧。"金书记说："我们想早点开了饭，小车走了，你也好早些休息，跑了老远的路，也该累了。"李中说：

“还好。”

镇上把李中的房间安排在镇委、镇政府大院的后排，比较安静，人来人往也不少，后院还有个后门通外头。到吃晚饭的时候，天还大亮，大圆桌围坐了一桌人，很是热烈。书记和镇长都动手拎啤酒，开啤酒瓶盖、倒酒、摆菜盘子。菜肴虽都不雅，却丰盛、实惠。转眼间一桌人就干掉了二十多瓶啤酒。

“上海轿子”走后，镇里安置了李中，便一一散去，不来打扰他，李中略躺一躺，并不想睡觉，便打水擦擦身子，换了干净衣服，锁了门，从大院的后门出去，往外头逛去了。

镇子到底是镇子，逛不出多少花样来。倒是镇子外头颇有些看头。李中是在城里住惯了，于这闷热之中，乍一走到大草场上，眼前顿觉一亮，阵风不时袭来，便感到凉爽了许多，心里也放开了许多。眼望着前头不远处像有一道宽河，便信步走去，也不过五七十步，便到了河滩的边缘处。果然是一条好样的河，河滩老宽，中间躺着清凌凌的水，野草在河滩上这里一片，那里一片地往水边上延伸。艳阳高照，水流暖暖。李中站在河滩上，便觉出了这高高草场的韵味来，脚下一时半量也动不了。

太阳正往西边上沉下去。河滩上有不少女人正洗衣裳。打李中站的地方望过去，那些女人的腰身都如韧草一般，苗条且有力，裸露的地方也都一律发白、饱满。李中暗自惊奇，站了一时，便回房里睡觉去了。

第二天早上，李中刚洗漱完毕，昨天晚宴上在一起喝酒的马镇长就匆匆忙忙赶来了，见了李中道："金书记今天上县里开会，这几日怕回不来了，我就陪着你。"李中说："哎呀太麻烦了，我们今天就抓紧时间搞吧。"马镇长说："好。现在咱们先去吃了早饭，吃完早饭咱们就走。"李中说："行。"马镇长便领着李中往街里去了。

街里的早市正在兴隆之时，车来人往十分热闹。马镇长说："这金雀镇是草场区的交通要道，又是古集镇，每日人来人往，少说也在五六万人次。"李中道："这里怕也是物资集散地，不然哪来这样多人。"马镇长道："是物资集散地，主要经营山货、大米、牛羊之类。这里又是山上到平原、平原到山区的必经之路，所以就繁荣一些。"李中问说："镇南的那条河叫什么河？"马镇长说："叫金雀河。"李中说："是打哪流来，又流到哪里去的？"马镇长说："是打深山里流下来，又流到淮河里去的。"李中说："有这条河，镇子就水灵了不少，我早上一路走来，望见这里的女的，皮肤都细嫩红白，怕就是得了这水的滋润。"马镇长说："那可是。传说明清之前这里都设过县，在这里的女人身上丢了官的，可不少。"两人说着听着，都放声地笑起来。

这里到了一处地方，是了座古式砖木结构的茶楼，门楣上一块紫木横匾，题作“春水茶楼”的，字体甚是飘逸、飞腾、潦草，足见题者的艺术功底。李中便站住了问道：“马镇长，这字是什么人题？很有功力的。”马镇长答道：“不可考了。有传说是明清年代一个贬官的学人，飘流到金雀镇，每日来这茶楼上吃茶解闷，久而久之便生了感情，露一手的好字，茶楼老板见了，说请他随意题一副招牌，就是这几个字，当然这是传言，不一定可信。”李中说：“好字。”

说着，又端详了一时，又退到对面街边端详了一时——这街也是老街，青石条路，街宽不过五七米，所以从街这边到街那边，并不是遥不可及的——只望见整个茶楼的门面，都由黑漆漆成，三五个门柱子，是拿条棒制成的，看上去虽显苗条了些，却顶事，能吃住劲。望了一时，李中嘴里仍说着“好字”，二人便进去了。

才一进去，里面忙着的一干人，其中便有两个来跟马镇长打招呼道：“镇长来啦，楼上坐吧。”来打招呼的两个人，一个是年龄大些的长者，五十来岁，腰前围着一个白围裙，瘦精精的，上唇处有几根软胡，口唇锋利，是个精明能干的人，看上去却又不给人多少奸刁的感觉。他在一只手里拎着个长嘴的铁嘴壶，这样就显出了茶楼的味道来。另一个却是个二十三五岁的小女子，红唇皓齿，面皮细嫩，白里透着红晕，体态也姣好，不胖不瘦，不高不矮，那不长不短的乌发随便地束面一把，斜搭在脑后，竟也能看出存着信心的自然功夫。她张口说话时，做不快不慢、不大不小的发音，落落大方，又不轻浮，李中心里便咯噔一声，暗暗惊叹这金雀镇河水喂养出了这等佳人，实在叫人吃惊。马镇长便答道："我陪上头来的这位李同志来吃早茶，我们就上楼啦。"

楼梯自然也是木板制成的，较陡立。打那前面的制作间里出来，走到天井里，便上这楼梯，一步一步地上，也能上出几颗汗珠来。那小玲便在前面道："今个天怕还热，俺爸说了，说打老远这前到现在，也还没遇上这样的热天。"马镇长说："那倒是。"李中说："我昨天晚上睡得还好，想必是这大草场区天爽凉些，在夏城那里，天简直热得受不住。"马镇长说："下边比这里要高三四度。不过夏城也有个乘凉的好地方。"李中说："是不是那湖边上？"小玲接上说："湖边也可以，但比不上金雀河边，金雀河边可是爽快多了，因水是打山里流出去的，路程又不是太远，凉气还没有散尽。"李中说："难道这金雀河也从夏城里流过？"马镇长说："那是，一直能流到淮河里。"

说着也就上了楼。楼上的茶座是围着天井形成的，打眼望去，总也有二三十张桌子，能容下一二百人，可以想见这里生意的兴隆了。楼上的窗户门极多，又全敞着，所以呼呼地有风吹来，叫人精神为之一振。

方桌边零零星星坐了三五十人，三五十人在这样的地方也不多见，倒有零零散散的感觉。小玲便引着他们挑了南墙一处近窗的方桌，便是那金雀河，河面老宽，河水倒不甚深，却清凌凌的一片，在窗里望得甚是清亮。河滩水里，搭眼望去，竟有无数的女人在濯洗衣物，棒槌声“嘭嘭”地响成一连片，一时满眼都是绿水、花衣、白腿。李中望见了，禁不住叫出一声来。马镇长走过来望了一眼说：“金雀镇也就这样，日日都如此。”李中摇头笑道：“大开眼界，大开眼界。那明清时的传说，我真的信了。”马镇长说：“信了吧？”两人相会而笑。三人便落了座等茶来。

第二天早晨李中仍由马镇长陪着，来春水茶楼吃早茶。来到春水茶楼，小玲仍来陪他两个，仍坐在昨日的位子上。那小玲便说：“昨日师傅有急事没到，今天到了，能吃上正宗的煎米饺了。”李中说：“昨日就听你们说过，我还从没见过，更谈不上吃了，不知是什么样子呢。”小玲说：“煎米饺是金雀镇的特产，不过后来分成了两支，一支在金雀镇，传着传着就失传了，另一支到了肥西县三河镇，却传了下来，我们现在请的师傅，就是从三河来的。”李中道：“哟，这两支分得挺远的，一个在淮河这边，一个在淮河那边，想必是两兄弟分家吧。”马镇长说：“虽都是这样传，却考不出个真假来。”李中说：“遗憾了。”

李中低眼望去，那盖碗中物件与昨日没有不同，仍是茶叶、榴叶、甘草等几样，都是提神醒脑败火的物件。看时开水便直冲入去，碗里刹时便腾起一股清甜的香气来，桌上、别处却不洒一星水滴。冲完了，那小伙计就离去，往别的方桌去了。马镇长道："盛暑夏日来喝早茶，依我们这地方的习惯，得粗一些才好。"李中说："怎么叫粗一些？"马镇长说："清早起来了，脸也不洗，只刷刷牙，就上茶楼来喝早茶。因夏日天热，茶又是滚水冲泡，这时就尽兴去喝，喝出一身汗来，这就叫粗喝，和冬日全不一样。"李中说："夏天早上就喝出一身汗来，那不是浑身难受死了。"马镇长说："喝出一身汗来之后，就回家去冲个澡，把一夜里的脏物都冲得干干净净，身子在一天里都舒坦。"李中说："这真是好习惯，这就是养生之道吧。"小玲说："不然我们金雀镇的女子哪来这样好的颜色。"李中说："不过女的又不喝早茶。"小玲说："女人都在家里喝，早上起来，也不干别的事，先就冲了一碗茶喝，冲个澡，再干一天的活路。"李中说："想不到，想不到，真是想不到。"

说着、讲着，煎米饺便上来了，原来是米面做成的饺皮，内里有虾仁、鸡蛋等物，在油锅里煎了的。喝了这一气早茶，肚里正喝空了，几个人便吃起来。抬头时，又恰恰能望见窗外的一河滩女子。

李中到金雀镇的第二天，喝过早茶，吃过早点之后，便由马镇长陪着，坐个体户的柴油三轮车上大门朝西去看张金河的综合企业体。

这是原来就安排好的项目。关于张金河的情况，李中在市里也看了一些材料，这次实地去看，就能多一层认识。

开三轮车的是个叫大三的小伙子，头发老长老乱，倒也显出了一些时髦来。初看他时，觉得这个靠不住，是个打家劫舍的角色，其实不然，对了几句话，便知道他仍是个本分农村青年和坯子，不大能干出什么坏事来。

马镇长解释了好几次，讲镇上的那辆吉普车，前些日子跟人家撞了架，现时还在大门口朝西张金河的维修厂修理着，因而只好委屈李中这会“蓬蓬蓬”了。李中说：“没关系，没关系，怎么着都行，又不是来享受的。”三轮车摇起来，开到大公路上，便一直往南开去了。

三轮车的篷都已扯去，只留着顶上的一块，夏日里坐着凉快。李中就问：“为什么叫大门朝西？这地名倒挺怪的。”马镇长说：“没有多少讲究，开始在那块地方安家的一户人，因搞错了方向，把大门开在西边了，慢慢就这样叫着了。”李中说：“有意思。”

到了大门朝西，那张金河许是得了镇长的电话，已在公路边候着了。三轮车远远地望见大门朝西的那块零散房屋，马镇长对李中说：“我对张金河帮助很大，所以他最听我的。”说着他在车上拿手指点点候在路边的张金河，又道，“他也不容易，遇到许多阻碍，差点搞得倾家荡产，要不是镇委、镇政府的支持，他早给人家打残了。”

下车后，由张金河接着，便往一家饭店的门里走。李中环顾四周，发现这大门朝西也就是公路上一个松松散散的聚住点，规格却不低，都是瓦房，也还有三五幢两层甚至三层的小楼在其中。马镇长见李中四处看，便也停了脚步，指点着对李中说：“这个大院子，上头挂牌子的，是他办的汽车、拖拉机维修厂，这幢三层的小楼，叫金河旅社，这五六间门面，是他的商场，叫金河综合商场，这一家饭店，也是他办的，叫金河饭店，在这附近，数他的规模最大了。”李中听了马镇长的介绍，总有些吃惊地感觉，便“啊”了一声，说：“这固定资产怕也有几十万。”马镇长便问张金河道：“五六十万总有吧?”张金河说：“哪有那么多，二三十万吧。”又说，“请领导到楼上坐。外头天也太热了。”李中说：“好。”他们便相跟着从金河饭店的店面进去，往后面的楼上去了。

到了第三楼，风扇和西瓜都准备好了。张金河打个招呼，便有个服务员模样的女孩子，水色姣好，走进来开了瓜。那瓜是黄沙瓤，鲜凌凌地撩人眼目。在座的几个人，擦了脸，便坐下来吃西瓜，其时李中瞟见墙角还放着三个大西瓜。吃了几口，张金河淡然地问了一句道：“听说老夏要跑老李一道来的，老夏怕不来了。”李中说：“老夏现在还没到，但他说过了，迟早要来的。也许就是这一两天。”马镇长说：“老李你看我们这里的西瓜甜吧，这瓜在我们当地，叫金瓜，颜色鲜黄，肉厚汁多，来草场区的人都喜欢吃。”李中说：“这是好瓜，要是搞到大城市，能卖到三毛钱一斤。”张金河说：“那倒是，只是产量高不起来，没有法子大量生产。”李中说：“可惜了。”

吃了一肚皮瓜，他们便洗了手，洗了脸，坐下来谈。从他们坐的地方，能瞅见老远的大草场子。李中便问道：“老张，你先前做什么工作，怎么想起来办这些企业?”张金河四十五岁左右，面孔微黑，从表面上看不出他是个什么性格。听了李中的问话，张金河回道：“我以前在夏城县拖拉机修理厂工作，干到大前年，不想干了，人事关系复杂，还有人老卡我，就留职停薪来家乡办个小维修部。办了一年，生意不错，我讲究的就是个信誉、质量，维修站就扩大成个小厂，又添了人，我自己带的几个徒弟也能顶简单的活了，就交给他们干去。”

“这年月干什么都不容易，不使出浑身的招数，那真对付不了。厂子扩大了之一，我又想干点别的，这条公路上人来人往，车坏了，到咱这修。人住哪里？上哪吃去？四面八方来的人，都得上金雀镇去。所以我就想再开个旅社，开个饭店，办个综合门市部，给大家点方便。这自然就有人从中使坏，这些情况马镇长都清楚。”

马镇长说：“到哪里都这样。开放改革的年代，免不了泥沙俱下。”

张金河说："就是这个理，要不是镇委、镇政府支持，要不是马镇长给撑着，我哪能有这些玩意。"

马镇长说："这都是你一滴汗一滴汗垒起来的。"

李中说："你这确实不容易。"

张金河说："那可真不容易。我跟马镇长倒是经常啦，有一段时间，我左思右想，我就悟出来一个道理，你想干点小事，就得有一帮朋友，你想干点大事，就得有一帮敌人，我咋想也是这个道理。"

李中听说很感兴趣，接问道："这话有些什么理呢？"

张金河说："你想吧，你干的事越多，越大，叫你损害了的人就越多，眼红的人也越多。话又反过来讲啦，敌人多了动力也就大了，这就逼着你把事情给办大了。"

李中说："有点道理，有点道理。"又问道，"这些企业是合资的呢，是集体的呢，还是你个人的？"张金河说："也合过股，进来的人开始都带了钱进来的。"

马镇长接上说："后来企业生利了，他又把钱还给人家了，所以这些企业基本上就是他独资的企业。"张金河补充说："不过我也跟大家一样，每月拿工资，只是工资比他们高些。"李中问："大约在多少上？"张金河说："我给自己定的是二百四，职工最低的也能拿到一百块钱。"

李中想，既然整个企业都是他的，他拿多少工资也就无关紧要了。又问道：“大约有多少职工?”张金河答道：“总共有五十七个半。”李中笑道：“怎么五十七个半？那半个怎么算的?”张金河也咧开嘴笑道：“我老婆半天上班半天在家里，家里碎事也多，实在忙不过来，所以叫五十七个半。”在座的人便一齐都笑了。

谈谈看看到中午，张金河便设了午宴来招待李中和马镇长。张金河道：“吃个便饭，也不讲排场了。”马镇长说：“大家都不是外人，随便吃点。”张金河便打招呼，叫人把酒菜端到三楼办公室来吃。从桌面上看，花样确实不多，却都是特色好货。其中一大盘子，叫金雀争春，李中在市里吃过，不过在这里吃起来更辣，因为这一盘子数量多，少说也得四五十只金雀才能制成。另有一大盘子，叫乳龙的，马镇长介绍说，是拿当地草场上一种草蛇制成，草蛇破壳后五七天，捉了来，掐头去皮，再配上佐料淡烹而成，都是难得的佳肴，在夏城市里都难以吃到。李中问：“假如在饭馆里出售，大约能卖到多少钱一盘子?”张金河说：“有一回我在夏城请人，寻到一家卖乳龙的，那一盘子稀松，也不过两三条小龙，配着平常的香菇、木耳之类，也开价到五十元一盘子，就那还抢手。”李中说：“真不得了。”

吃到大出汗时，又上来一大花瓷盆稠汤。马镇长说：“这叫龙雀和春，是拿乳龙跟金雀制成的，壮阳大补。来，老李，吃，吃。”李中答应着，未及伸手，张金河已抄起一把大汤勺，从盆里舀了一大汤勺倒在李中面前的碗里。李中谦让着，嘴里吃着，心里想，这一盘没有一二十条乳龙，没有二三十只雀脯，怕做不成。结果他们怎么也没能吃完，张金河便打招呼叫人端下去了。

午饭过后，马镇长对李中说：“大三已在下头吃过饭了，我叫他开上车到岗子地去找周文虎，你就洗了澡睡个午觉。”李中说：“我们是不是去实地看看?”马镇长说：“先找他来这里谈谈，再叫他带我们去看，更保险些，他在岗子上到处跑，一时半时能不能找到，还真说不准。”李中说：“那好。”洗了澡，张金河就安排他们两个午睡，又喊人抱来两架台扇，给他们一人一台，安排完了，他就出去忙了。

一觉睡醒，马镇长出去一趟，回来说：“老李，周文虎来了，在下边等着。”李中说：“这么快。”忙就起来，洗了脸，跟马镇长一块到了张金河的办公室，这会周文虎也被张金河引到上面来了。原来是个老实巴交的农民，大约五十岁，脸上皱纹甚多，是风吹雨打熬出来的样子。见过面之后，服务员又已经把西瓜切开了，几个人便推推让让地吃起来，吃完第二块，周文虎再也不愿意吃，顾自吸着烟袋去了。张金河递给他一支带哨的好烟，他就接过来夹在耳朵根子上，仍吃自个的烟袋。

这时大家都抹了嘴，马镇长便说：“老周，这位老李同志是上级领导机关来的，想会会你，你给介绍点子情况。”周文虎有些拘谨，说：“没啥好讲的哩。”马镇长对李中说：“那些岗子地，已接近南边的丘陵区了，在草场区的最南头，有一部分也属金雀镇管，老周就在那里。”又对周文虎说，“就讲讲你承包岗子地的事。”李中说：“老周，你承包了多少岗子地？”周文虎说：“二三百亩吧。”李中说：“种树？”周文虎说：“种了些松、杉、栗、桐。”李中说：“你一个怕也忙不过来。”周文虎说：“请了十来个帮手干，技术活还是俺的。”李中说：“几年了？”周文虎说：“四五年了吧。”马镇长接上来说：“老周还是党员，前些年那些岗子地撂荒，他就想承包下来，都植上树。跟村上说了，又跟镇上说了，都同意了，签了合同，他就没日没夜地扑在岗子上。老周原来有些文化，念到高小，也算是有学问的人了，五十年代还到县里学过园艺，后来入了党，又在县里的农科所干过一段，时间不长，大约有半年吧，就回来了。回来后在公社团委干过些时候，也不长，年把时间，就回了村里。听人家讲，老周在县里的时候，每日扑在园林上，跟书呆子没有两样，他一个亲戚看上他老大不小啦，就张罗着给他说亲，带了个大姑娘上县城里看他，说是要给了他的，他就堵在门口，问：可识字？说不会。那时候的大姑娘，有几个念过书的？又问：可知道啥叫灌木，啥叫乔木，啥叫草本，啥叫木本？人家自然没听说过。老周道：‘那我跟她怎样在一块过？’就给回绝了。”

李中望望周文虎，发见他咧着嘴，歪着头，傻傻地笑，跟听人家的故事一样。马镇长说：“这自然是传说，不过老周也没否认过。再后来，遇上‘文化大革命’，老周有劲也使不出来，干望着荒草土岗发愣，党的十一届三中全会以后，他才如虎添翼、焕发出青春来。”

李中笑问道：“老周后来结婚了吧？”周文虎笑眯眯地说：“两个儿子都竖起来啦，都跟俺在地里干。”李中说：“那我们不如上老周的地里去看看，不太远吧？”马镇长说：“好，我们去看看。远倒不远，十七八里地，三轮也快。”李中说：“那我们就去看看。”

告别张金河，三轮车沿着公路往南开去。开了不到十分钟，往左手现出一条土大路，一直伸到草场的深里去。三轮车偏了头，上了土大路，颠颠簸簸地往西南开。这时一眼望过去，到处都是庄稼、草地，绵绵无边。雀鸟在草丛里起伏上下，大地浑厚诚恳，风也略显旷荡一些，吹在人身上很是利索。

车走了一时，地势的起伏更大了，岗子开始形成了，长着树的土包子也多起来。过了一个庄子，车就开到一个小山沟里停住，沟边的坡坡上有两间土房，马镇长说：“到了，咱们下去吧。”

果然四处都是树，树都还不算大。周文虎说：“先上房里坐一时，喝口水。”马镇长说：“好。”他们三个便有前有后地往坡坡上的土房里走。土房门前有一块空地，门半敞着，听见里面有个收音机正哇哇乱唱。三个人走进去，却没碰见一个人，周文虎说：“这是俺儿开的，他走不远。”便拿了板凳，让李中和马镇长两个坐下。

李中环顾四周，发见这是两大间房子，面积虽很大，却是旧土墙，里面也没什么东西，有三张用木棍搭起来的床，上面胡乱地扔着些脏被单，地上有三四个小板凳，靠左手墙边砌着一个灶，一张小方桌上放着些碗筷和半小袋粮食。李中说：“老周，你在庄子里还有家吧。”周文虎说：“还有个家，那也就两间土房，比这小老点子。”李中说：“你栽这些树，管这些树，花去不少钱吧?”周文虎说：“确数也算不出来，总得花去个一万两万吧。”李中说：“那你从哪里去搞这万把两万块钱?你以前有存款吧?”周文虎说：“哪有什么存款，都是从农行里贷的款，是马镇长他们的支持，才干起来的。”马镇长说：“各方面都支持他一些。”李中又说：“这树要成商品材，得多长时间?”周文虎说：“打第十年开始吧。”李中说：“那这还有五六年，怕还得花不少钱。”周文虎说：“怕还得万儿八千的。”李中说：“林子成材之后，你能收回来多少钱?”周文虎说：“陆陆续续，怕能收回来十几万。”李中说：“一二十年也过去了。”周文虎说：“十年造林，百年育人，要想钱就干不下去了。”李中说：“那可真是。”

他们又在岗地上转了转，到六点来钟，谢绝了周文虎的挽留，三轮车又顺原路开回去，一路奔了金雀镇。车过大门朝西的时候，他们没在路边见着张金河，车也就没停，“蓬蓬蓬”一直开到金雀镇。

到金雀镇时间也还早，不过七点来钟。下了车，李中回镇政府里洗了把脸，马镇长就从外边进来了，说：“老李，咱们吃晚饭去吧，今天一天也够你辛苦的了，早吃了饭你好早休息。”李中说：“还好，还好。”便跟着马镇长往街上去了。

街上这时人不算太多。夕阳正在往树梢的方向坠去，雀鸟们感觉到了暑气的消退，便这里那里地唱起来。他们走到一家饭馆前，李中抬头一看，见有块招牌，写作“小月楼饭庄”的门上还有块横匾，道：“民以食为天”。马镇长说：“这也是一家老饭馆，明清时就有了店号。”李中说：“那些丢官的人，怕不是在这里吃喝取乐中惹下祸根的吧？”马镇长说：“也有在这里丢官的，不过那时店铺多，又都干那种买卖，丢官的到底是少数。”李中说：“店面倒真是老店面了，也有特色菜吧？”马镇长说：“就是清炖鳖爪。”李中说：“怎么叫清炖鳖爪？”马镇长说：“把五七只马蹄鳖杀了，只取鳖爪，加了中药、佐料，配少许牛鞭、狗鞭和红枣、银耳，微火细炖，味道非常好，也是壮阳大补之物。”李中说：“金雀镇对吃喝还真有讲究，这也是学问。”马镇长说：“平时也是稀松家常，只是来了客人，才讲究一些。”

说着上了二楼雅座，凭窗望去，外头还是那条金雀河，河滩上洗衣濯菜的女人又渐多起来。两人坐下之后，又从外头进来几个人，是昨天见过的镇上的几位副职领导。见了面，略一寒暄，各自入座，菜就上来了。

两杯啤酒下去，李中说：“金雀镇这老街，能留着就好了，我走过一些地方，那里的老街慢慢都搞掉了，很可惜。”马镇长说：“镇里开过几次会，也作了决定，以后要发展，就往西发展，不动老街。”李中说：“老街搞掉就再也搞不起来了。”座中一人道：“那可是。再过些年，老街就成文物了。”说着，便站起来举杯要敬李中，李中说：“不行了，我酒量不行。”那人道：“没有事的，啤酒，没有度数。”李中讲不出有力的托辞，只好与他干了一杯。满桌喝遍，马镇长出面说：“大家都不要再敬了，今天老李也真辛苦了，我们就吃饭，吃了饭老李也好早早休息。”众人都响应，便解了李中的围。吃过饭，送李中回住处，镇上的人便都散去了。

众人都走了之后，李中拿热水洗了澡，换了衣服，却不想就睡，便打后门出去，仍到金雀河边走走。这时夕阳已隐去，只留着半天的红锦儿，把大草场子烧得通红，煞是好看。河水里和河水边的女人，有直立的，有弯腰的，有蹲着的，各取姿态，并不单调划一，都在槌槌打打，搓搓揉揉，无有定形。金雀河的对岸，现着一群白、黑羊，那群羊大半数是纯白，小半数是纯黑，黑白相杂，格外醒目。有两个半大的牧童，跟着羊逛，一边飘然地逛，一边看河里濯洗的女人，半天才拖长了腔嚎一声道："嗬——嗬嗬——嗬——"，也不知是喝羊呢，还是自娱。

那两个伢子乱喝着的时候，西天上也就起了一阵骚动，原来是一群金雀，如弹丸样小，在天空里都是黑点子，扑扑噜噜地打草丛里升到半天云里去了。不知是有人惊着它们了，还是有动物惊着它们了，还是它们自个的游戏。扑噜噜的一大阵，怕有好几百只，都胡乱地升在半天云里之后，便慢慢地飞升，见不着半点浮躁。这时西天的红云锦儿，把些金红色映在雀子面西的那半边翅上，映得甚亮，发着金红色，另半边面着东的，就显暗些，是傍晚时分的那种宁静颜色。那阵金雀便驮着这样两种东西，慢慢地飞升，又慢慢地落入长草的原野上去了。

水边的女子便有立起身来看雀子的，看了一时，又弯下腰去了，想必这是司空见惯的物件，对她们来说都不是新鲜玩意，因此女子们才显得更淑静。李中踩着沙滩上的卵石，缓缓地走了一段，看了一时。西天的红锦儿快收尽的时候，他才回去睡觉。

第二天吃过早茶后，李中对马镇长说："马镇长，我来金雀镇已是第三天了，老夏还没有消息，事情也差不多办完了，是否请你打个电话，跟江部长他们联系联系，如果老夏一时来不了，我也该回市里集中了。"马镇长说："好，我马上就去打电话，请你随便走走吧。"李中说："好的。"

跟马镇长分手之后，李中便沿街漫步而去。出了老街，便是新街。新街就是路宽些、硬些，两边的新房、楼房较多些。新街并不长，半分钟也就走尽了。出了新街，便是田地跟草野。

这一日太阳虽也厉害，却有风。风一阵阵地扑在身上，自然去了不少暑气。野地里有一条路，不甚宽，土路。路两边植着两行大白杨。大白杨都有小盆口粗细，直钻入天上。李中便走在树影子里头，一路往野地的深里走。

愈走得离了镇子，愈觉得野地里的那种安静，只除了呼呼的风吹在叶子和枝站上的声音，旁的就听不见太多的东西了。李中信步走去，也没想着点什么。走着走着，便觉着自个入了别一种境界，身子里松快了许多。走了一气，便找了一处树影，在地上坐下来，望着无边无际的草场子发愣呆。

李中赶回到镇上的时候，马镇长已派了几个人四处去找他了。见他回来，马镇长忙迎上前去说："老李，电话已经打通了，江部长接了电话，指示我们，一定要安排好你的工作和生活，天热，要注意防暑降温。"李中说："镇上安排得很周到，很周到。"马镇长说："江部长还说，老夏大概不能上金雀镇来了，但是可能参加个地方的闭幕式。"李中说："太可惜了，老夏没来太可惜了。江部长可说我什么时间回去?"马镇长说："江部长说请你自己定，最好在明天以前，后天会就结束了。"李中说："我在这里的事情也大致办完了，就今天下午回去吧。"马镇长说："不能再住一晚上吗?"李中说："给你们添了不少麻烦了。"马镇长说："我们这小地方，条件太差，还请你多包涵着点。"李中说："你们很辛苦了，以后有机会再来。"马镇长说："有机会请老李一定再来走走。"李中说："一定来。"

午宴自然又是丰盛。李中与各位陪客一一对干，也算道了别。饭后，镇上的那辆吉普恰巧也修好开回来了，便送李中回夏城去。吉普边上围了一窝子人，都与李中握手话别。纠缠了一时，李中关了车门，吉普叫了一声，便起步直往公路上去了。两边风光不断，到夏城时间还早，只三点多钟。吉普车把李中送到宾馆，掉头回去了，李中这边自然有人接着。住下之后洗了个澡，便上床去睡个好觉。

到傍晚的时候，在下面的各路人马，已经回来了三分之二。老汪也回来了，仍和李中睡一个房间。李中说：“老汪，你这几日晒黑啦。”老汪拍拍肚子说：“也健康不少吧。”李中说：“结实不少。”

晚上吃饭时，江部长等人都来陪，十分热闹。席间，大家一边喝着啤酒，一边吃菜，一边闲谈，气氛显然比离开夏城前要热烈得多。其中一人说：“十几年没到乡下来了，这次到乡下一看，跟脑袋里的印象完全不同，我这一身可是显得土气多了，老掉牙的货啦。”另一个道：“我也是十多年以前到这里来过的，那时到湖上，还在人家渔船上过了一夜，忘都忘不掉。”老汪说：“我去的那个县、区，大家对江部长的看法都挺好，提起来就讲江部长办事公道，没有私心，都还惦记着江部长。”江部长说：“我以前在那里干过，也没干出多少名堂来，可说句心里话，也没干过几件对不住人民的事。”老汪问：“江部长以前在那里干过几年？”江部长说：“干过八年，先在区里干，后来又换了个区，又换了个区，又到县里，主持工作。”老汪说：“全省第一个大型养鹅场就是江部长在那里搞起来的，后来就全市推广了。”江部长说：“那时候水面比现在多，现在有许多水面被淤塞、填平了，但那时候的水面浪费也很大，基本上利用不起来。那时候人也穷些，脑袋瓜子跟现在比，就是灵不起来。当时县里的一班子人，团结好，就想着法子怎么能叫县里的人民富裕一些，能多挣点钱，一方面国家收入多了，一方面群众收入也多了。后来我出差上江西的一个地方去，从报纸上看到关于养鹅的一则报道，脑袋里一亮，回来跟大家一讲，就通过了，咬咬牙，县财政拿出七八万，办了良种鹅场，推广到全县去，当年就见效。鹅一身都是宝，浪费不了一点，又能出口换取外汇，人工催生的肥鹅肝，在外国人眼里是上等佳品。光养鹅这一项，当年全县国民经济总量寸步不让地增加九十多万，民间还有许多统计不上来的数字呢。还有一个镇因此成了全国最大的鹅市场，在旺季，一天里进入市场交易的生鹅可达三十万只，那真是盛况空前，难以想象。”江部长说得感染人，听者也都听得起劲，不觉间饭就吃完了。

晚饭后，李中和老汪才回到房间没几分钟，江部长就兴冲冲地来了，对他们说：“刚才部里接到老夏办公室的电话，讲老夏明天中午前后能到，来参加会议的闭幕式。”李中和老汪听了都很高兴。江部长又说：“那时天上午的会就推明天下午开吧，明天上午还请各位好好休息休息，随便转转。”老汪说：“这城里还有什么好去处？”李中说：“听讲金雀河从市里流过去，不知是在哪个地方？”江部长说：“那倒真是个好去处，就在老街的西边，现在也热闹起来了，新建了一些商场什么的，值得一看。”李中说：“我们明天上午不如到金雀河边去走走。”老汪说："行，我随便的。"话这样说着，江部长又到别的房间去，把老夏要来的好消息告诉给其他人。

江部长走了以后，李中道："老汪，我天上午睡了一觉，现在也不太累了，想出去散散步，你怕走不动了。"老汪说："还真累了。不过一回到宾馆来，就不想出去了，你说可奇怪。在下面区里的时候，在屋里也坐不住，不如出去走走，找人谈谈，了解点情况，现在有空调了，就真觉着外头的热浪受不了。你自个去吧。"李中说："那好，我就在近处走走，散散步，明天天上午开了会，也就该回去了。"老汪说："回去没有空调，还不如在这里住着，住过了盛夏，再回家。"李中说："不过还是家好，虽说家里边没有空调，但到底也是家，老婆孩子在一块过惯了，办什么事都顺，都习惯。"老汪说："你家庭观念倒挺重的，你这样一说，我还真有点想家了。"李中说："民以家为乐嘛。"老汪说："这话没听讲过，没听讲过。"两人一阵笑。笑过了，李中和他一同去散步了。

李中自然是记着那湖畔夜曲的余韵。出了宾馆大门，顺着路上了大街，便径自往湖的方向去了。

盛暑酷热，仍没有半丝的消退。街边树下的一些人，要么是坐在门外的小凳上拿扇子扑扑扇的，要么是漫无目的地四处晃荡，寻找可避暑气的地方的，要么是在冷饮摊边上灌冷饮的。李中缓缓而行，全无半点急躁。因事情差不多要完了，全差不离要散了，也无需急躁了。李中慢慢走着，到了十字街口，便往右手去，走了五七十步，那湖边的护栏便出来了，乘凉的人也渐多了。李中在人留出的路上慢慢往深里去，耳边、眼里渐就涌来那些烟头光亮、路灯光亮，讲话声、耳语声、咳嗽声、扑扇声、收音机的音乐声等等等等，一片嘈杂。

李中也不计较，寻了一处护拦，过去靠在上头，叫心静下来。那些嘈杂声果然渐就退去，渐就打耳膜里退远去，愈退愈远，终于就有那丝弦绝然一响，在心里响得好清亮，跟空谷足音样的。李中眼前便现出一个女子来，这女子水色绝好，容貌清秀，一眼望去就知道定是吃金雀河水长大的。她的纤手拨动那铮铮透明的丝弦，小嘴红唇，眉眼含情，望去又似是那金雀春水茶楼的小玲。此刻李中眼里并无半丝杂念，倒觉着这世界有情留他，他也不能负了这世界。

这样磕磕绊绊地想了一气，李中便回宾馆睡觉去了。洗了澡躺在床上，李中想，这暑气一时半时怕还退不掉。想着，就睡去了。一夜无话。

写于 1989 年 11 月 17 日至 12 月 12 日

合肥杏花村、寿县瓦埠湖

十棵大树底下

许　辉

记者刘康，这一日收拾了，打算往炉桥左近跑一趟。那里汇着一些河湖，又有大片的河滩洼地。坐火车打淮南线走时，走在炉桥左近，火车在甚高处，河滩洼地在甚低处。一眼望去，嫩草茸茸，牧童星点，甚是有味道。六七月里洪水泛滥，那滩上滩下，都不知淹了没有。要是淹了，又不知淹成什么样子了。

去的前一日傍晚，刘康往火车站去看了车次。那炉桥站，是个不很大的小站，快一点的车，搁那地方不停。便看好了一班慢车，早晨 6 点 10 分发车，到炉桥，再慢也就三个小时，才 9 点来钟，正好办事。看好了，便家去了。晚上看《德里克探长》。

第二日早晨 5 点半，刘康已来到火车站售票处。售票处人头寥寥。摸了张票子，伸手进去道："6 点 10 分，炉桥一张。"那里头是个小蒜头鼻子少妇，面色忧郁，轻声地回刘康道："炉桥不卖。"刘康以为自个儿听错了，惊讶道："6 点 10 分，慢车。"少妇说："水家湖分道。"刘康霎时明白过来，这趟车从水家湖往淮南方向去了，不走炉桥，自然不能卖票。这一刻，倒跌入了两难的境地，暗想道：好不容易起了一次早，也不能再回去了，再回去那今天就什么事也做不成了。不如先到水家湖，再由那转车去炉桥。反正到哪算哪，走着再说。如此想定了，便买了一张去水家湖的车票。

列车正点开出，到水家湖真是很早，夏令时才 8 点。随着人流出站，望见那水家湖是个新候车室，候车室外是拿水泥刚抹成的一大片平地。平地的一头，赫然醒目的是男、女两个厕所，再无他处，刘康心间暗想：水家湖倒真变了，这候车室，定是刚盖成不久的，连水泥石灰味也都还闻着呛人呢。便拎了小包，奔候车室一头的售票处，去看往炉桥的火车车次。

那水家湖除去合肥方向开来的车外，还有打淮南张楼往蚌埠方向去的车，却都不是时候，早晨一班走了，下一班得傍晚 5 点 50。这倒叫人失望。刘康出了售票处，望见刚才车上下来的人都散尽了，散得甚快，便摸出包里的地图册来查看。地图册共两本，一本是软皮的，一本是硬皮的；软皮是 1982 年出的，硬皮是 1972 年出的，都是分县地图。那软皮的，靠现在时间近些，地名也详细些；那硬皮的，离现在远些，后修的路它都不标，看起来却醒目，一目了然，地势高低耸凹，都甚是直观，其间的地名，都作如此标法：卫东（代集）、反修（造甲店）、防修（卜店集）、东方红（姜兴集）、太阳升（耿巷集）、红星（早庙）、红光（观音寺）、红旗（九子集）、红镇（老人仓）、红集（郭集）、红店（西三十里店）、红卫兵（朱湾）、红河（天河集）、红山（高塘集）、红卫（能仁寺）、红塔（黑塔）、永红（吴家圩）、旭日（滩塘陆）、东升（李庄）、立新（范岗）、胜利（胡村）、向阳（桑涧子），等等。这两册地图的好处互相补充，因之便都带了。看了地图，知道有条乡间的公路，先往东去，到一个叫陆桥的地方；再折往北去，直抵炉桥。刘康便想了：现时乡间三轮私车都多，到哪里不是车来车去？不如先寻了汽车往炉桥去。虽说绕了些路，却也能望见一般时候绝望不见的地理、人物、风景来，不如先去寻汽车。

这般想了，便离了火车站，往大街上去。火车站的出口却甚是狭窄，一边是红砖的什么围墙，一边是新盖的一栋楼的台阶，那通道仅容两个人行走。那狭窄处，本已窄狭，却又有个好事的妇女，顶两尊罕见的大乳，于那狭窄处设了个书报摊。来来回回的旅客，途经那块，都是等车之辈，也没有多少心急的，有意无意，便瞟摊上的书刊。那妇女也奇，不立搁摊子后头，偏顶着一对罕见的巨乳，立搁摊头。窄处的人一走，便望见顶隆着汗衫的那一对巨乳，心间霎时都有几分荷尔蒙，结局便是：拿眼瞅书的人便多，狭窄处便拥挤——看书是假，“偷”乳是真——路人便都排队，一一慢行通过，既做了书的观看，又做了乳的观瞻与擦碰，真是飞来的额外收益。

好容易出了狭窄处，顶头撞见一溜小吃。刘康也是有些体验的，又知道那句老话叫“路搁嘴上”，便打头一家问起，问道：“麻烦老师傅，往炉桥去搁哪块坐汽车?”那老师傅便是个炸油旋子的，手也不停，嘴里答他道：“坐火车走。”刘康道：“火车，上午的走了，下午的太晚了。”那老师傅道：“那就去不了。”刘康道：“去不了?”“不通汽车。”“麻烦你了。”“麻烦啥子。”刘康不信。过了几个摊子，离那老师傅远了些，他寻了一处又问：“麻烦大姐，请问往炉桥去，坐汽车搁哪块坐?”那大姐是个贴缸贴子的，手也不停，嘴里道：“坐火车去。”“火车，上午的走了，下午的还没来，等车急死人。”“那就打路口往南走，坐三轮。”“有往炉桥去的?”“有，多。”“麻烦你了。”“麻烦啥子。”往南去的那方向，与地图上乡村公路的方向，也甚是吻合。刘康心间高兴，多走了几步，离那大姐远了些，又寻了一处，开口问道：“麻烦老人家，请问往炉桥去，坐汽车搁哪块坐?”那老人家是个摆小摊卖茶杯的，茶杯都拿雀巢咖啡的瓶子做成，外头箍一圈塑料套，拎起来甚是方便。打地委书记到自然村村民小组长，现今都拎这个，开会参观，都甚是实用方便。那老人家道："上哪个炉桥?"刘康这才想起，此地陆、鲁、炉不分，便道："上定远县那个炉桥，不是长丰县这个陆桥。"那老人家道："坐火车去。""火车，上午的走了，下午的还没到。""等呗。""等车急死人。""上街逛呗。""也不想逛街，累死人。""那你便打这路口往南去，去问那堆三轮，可有往炉桥方向去的。""听讲往炉桥去的三轮多。""那都往俺长丰县陆桥去，不上定远县炉桥。""麻烦你了。""麻烦啥子。"

刘康又信又不信，便起步往南行。行了三五百步，真见到一堆三轮车，相互挤搁路两边，有空车，有坐了人的。他人没到，那些手持摇把的，便迎了他喊道："陆桥，陆桥，陆桥的上车走啦。""哪个陆桥?""长丰的陆桥。""有去定远炉桥的呗?"那些人都摇头，又七嘴八舌道："坐火车去。""火车，上午的走了，下午的没到。""等呗。""等车急死人。""逛呗。""心里有事。""那就先到陆桥，再候拉沙的小四轮，上炉桥。""拉沙的小四轮，有呗?""有，你去等呗。"刘康看看表，才夏令时 8 点半，便想：走着再说呗。便上了车，却是搁车尾吊着的挡板上站。三轮便嘭嘭摇起来，出了城，往乡间去了。

乡间也真是大得没垠。刘康心间欣喜，他立搁车尾，正摊上望四方的好风景。此时搁阳历八月里，八月十七号，立过秋已经十天了。天上有些薄云，那日头说出不出。倒是一地的夜露水，庄稼上白茬茬的，叫人一眼望上去，便觉出了乡间的秋意。路不甚好，忽高忽低，一上一下，又不甚平整。倒是那三轮嘭嘭嘭嘭，也不甚快，也不停，翻岗下洼，直往乡间的深里去。这会刘康再低头望车厢里坐的七八个人，大人小孩，都更显了乡村人的模样，神态都平静憨厚，跟车外的大野地，是一样的品质，便觉着奇特。那坐着的人里，有两三个青年，都呆了眼打车后空敞处望野地庄稼。那里头的一个少妇、一个姑娘，少妇把乳拎出来奶怀里的孩子。那乳呈黑蚕色，丰厚、朴素、实用，见不上半点花哨。那孩子两手抱住那丰厚的乳，小嘴撮着，边吃边玩，把那乳搓揉得乱滚。那少妇也不问他，也不看他，只做无事家常的态度，也呆了眼望车后的田、路。那姑娘倒有半点不自在的样子，望见少妇那乳跟那玩乳的孩子，忙把眼收了，转头也望车后的田、路，心思里倒不知想到哪个国度里去了。

三轮开了好一时，怕有半个小时了，还是无一人上车、下车。三轮便只顾往里开去。野地更大阔些了，旱粮地占了多数，景物风光也变化了些，有了甚多的酣浓的味道。正看着时，三轮嘎嘣便停了，车上下来几个人，开车的也下来了，道："是陆桥了，你下来等一时呗，望拉沙的车过来，你便上去。”刘康这才知是到了，下了车，付了车钱，那三轮嘭嘭又开走了，下车的那几个人也走散了。这才望见陆桥这地方是个小集子，这是集子头，正冲着个三岔路口，路边停了几辆空三轮。岔路的夹子里搭了个棚子，拿大秫秸扎成的，下头置了个白冰柜，几个人闲坐搁冰柜四周——这几样物什之外，便又是庄稼野地了。

刘康来回看了一遭，心想往北去的那条路，便该是了。那路也是土大路，一望无际地往下头去了。往下头去的那地方，要是打地图上看，就觉着那地方该是洛河的洼滩地，倒想不出给人这样个深广的感觉。转了一时，渐就与四周的节奏合了拍，也有了悠悠的心情、亘古的状态。便过来在棚子下，寻一角椅子坐了，开口问身边一位等车农民样的人物，问道：“麻烦你上年纪人，请问往炉桥去是走这条路呗？”那上年纪人，手里卷了个蛇皮袋子，慈眉善目，听见刘康问了，便回他道：“上哪个炉桥？”“上定远那个炉桥。”“不通车。”“有这条路，咋样便不通车？”“路便是土路，过了河便是定远了，不好走。”“听讲有拉沙的小四轮去，不知等到等不到。”“那等不到，小四轮都是赶早去，赶早来，现时怕该回啦。”

两人正对讲着，那卖雪糕冷饮的，二十来岁，年轻人，倒也是个好事的，插进来道：“你包车去呗。”“包什么车？”“三轮。”“那得多少钱?”“不多，三五十块钱。”“打这到炉桥行多少里?”“二三十里呗。”刘康笑笑道：“贵了。”“路不好走，走了你就知道了。”刘康又笑笑，道：“咋样不好走?”“尽是湖岗洼地，且过了洛河，便是定远的地界了，路便不好走。”刘康又笑笑：“钱多了，回去不好报。”那年轻的咂咂嘴，道：“那你憨等什么哩? 你往炉桥走呗，走走等等，望见便车，你就上呗。”那上年纪人也道：“走呗，等啥哩? 二十几里地，有啥走头哩?”刘康又笑笑，暗想：真不如就走了去，便二三十里地，自个又无什么急事，这一路上或许还能见上什么风光。这等风光，要是不打当地步走，便一辈子也见不上。想完了，便站起来道：“那就步走了去呗。”棚子下的人，都是好事的，都道：“走呗走呗，有啥走头哩。”刘康得了这许多鼓励，心间甚是愉快，一一向在座各位点头致意后，便出了棚子，往向北的大路上去了。

土大路也真是坑坑洼洼，要是车，便不好走。走了三五十步，出了陆桥，前头望见的都是岗地，岗岗坡坡，有高有低，甚是阔大。又有了些高厚的味道：那远处都是往下头去的，便显出了球体的弧度来。地里净是做农活的人，三三两两，满眼都是。刘康直往前走，路渐又往下头去了，地理路形，顺势而去，走起来甚是舒畅，眼前也是望不见边的地貌风光。天上仍是薄云，日头时隐时现。走至一处地方，望见路边地里，有个光脊梁的老农，望去有七十来岁了，甚老，上下身都赤裸，当间只套个蓝布裤头，背有些驼，上下都叫日头给晒得黑红，正搁地里锄草，两手抱住个大锄头，搁地里一砍一砍的。那片地甚大，地又都干硬得成板，他一个人砍，还不知什么时候能砍完，便立了脚问道："麻烦你老年人，请问上炉桥可打这路走?"那老年人住了手，半直了腰，望着刘康道："哪个炉（陆）桥?""定远炉桥。""不下路，只顾走，到十棵大树底下，便到了。""请问你老年人，这路有多少里?""三十几里呗。几十里地，还搁住你走?!"刘康听了这话，心间甚是愉快，又道："老年人，你锄什么哩?""锄绿豆。""绿豆咋才长这点大？季候怕晚啦。""俺这是水下去撒的，多少能收两个。""这块也上水啦?""淹啦。""麻烦你老年人。""麻烦啥子。"两人讲完了，刘康又往前走。走了几百步，望见一个壮汉子，穿一件白布无袖汗衫，敞着怀，赤着腿，吆一头黄牛耕地。那地干得死硬，那牛吭吭哧哧不甚想走，那壮汉便骂那牛，道："俺日你奶奶老祖宗八代都叫俺日透了!"刘康望见那个人、那头牛、那块地，便立了脚，嘴里道："麻烦这位大哥，请问上炉桥可打这路走?"那壮汉听见刘康问，忙吆住牛，磨过头来，回刘康道："哪个炉（陆）桥?""定远炉桥。""不下路，只顾走，到十棵大树底下，便到了。""还有多少里地?""十几里呗，抬腿便到。"刘康又道：

“你这地现在翻了做什么?”“种胡萝卜。”“你这地也上水啦?”“淹个精光。”“麻烦你这位大哥。”“麻烦啥子。”刘康又往前走。此时路直往下去了。农民都搁日头下干活，他们怕也都是惯了的，要是不惯，叫午时的日头一晒，那身上脸上便得花花地蜕一层皮下来。愈往下去时，地里便有一样植物，一块地一块地的，齐齐的茬子，焦黑，都往上坡方向倒。刘康初始望见时，想不出来是什么，愈往下走，愈多。及至望见那焦黑地里，一排蹲了五个大大小小的娘们，才立了脚，开口道：“麻烦请问了，上炉桥打这块走呗?”那几个劳作的娘们，都直起腰转过脸来望刘康。望时，其间一个中年的妇女回他道：“上哪个炉（陆）桥?”“定远炉桥。”“不下路，只顾走，到十棵大树底下，便到了。”“还有多少里?”“二十几里呗，难不住你走。”刘康又问：“你们手底下拔的啥子?”“麦秆。”刘康这才恍然明了这是小麦，是叫水淹了的，都顺水上的方向倒，都焦黑。“拔它做啥子?”“烧锅。”“这还能烧锅?”“净起烟，不起火，凑合着烧呗。”“麻烦你这位大嫂。”“麻烦啥子。”刘康又往下走。路渐与河滩连成一片，也讲不出哪块是路，哪块是滩。只那叫路的地方，多起些白灰，脚踏上去，一层干灰直淹了脚背。这会儿天上的日头似也有几分烈了，河滩上却风势畅顺，吹搁人身上脸上，起一层舒坦。远望那洼地平阔，苍茫遒劲。洼地滩间，有一片一片大水，颜色青白，时宽时窄，时接时断，绵延而往上、往下无尽地去了。其实那哪曾有半分断散？只因滩极阔大，水流曲折，才望着时断时连的。那洼子滩地，极悠极阔，水往上、往下忽肥忽瘦地去，也就无个限量定论。那往上流头去的，便是原野腹处，各方流水、各方物种、各方俗理，都分派搁水滩两边，那水稍稍带一些，也能叫沿水沿滩的各处地方丰厚、文化起来；那往下流头去的，便穿过淮南铁路，擦过炉桥镇，入了高塘湖，直下淮南煤电基地，跟淮水汇成一流了。刘康望见这一派涂抹，心里霎时宽宏起来，脚下也无个理数，直往下头去。渐走至洼地滩心，便见两座水泥平板桥，贴在滩底。那上流头来的水，到了这里，渐就瘦小，瘦成深绿颜色，瘦成三五十步的样子，打平板桥下平静而过。水过瘦处，便又泛滥开去，形成水不是水、湖不是湖的局面，叫人难以想象。那水却是分两股来的，打第一座平板桥往前走，也在滩底，走约二百步，便又是一座平板桥。打上流头来的水，到这块也瘦了，却瘦得发青，有青白之色，甚为厚道。刘康约略吃了一惊，抬眼往上流头望去，才知这青白之水，与刚才过来的那平板桥底下的深绿之水，非出一宗。两流之间有些浅浅的阻隔，由沙渚、浅洲隔开了，水相邻而不相交融。只到了下流头不远，才淡淡相吻、小心相合，却滞了行色，于那极坦极阔的洼地滩间，踯躅徜徉，蓄成水结。刘康立搁平板桥上，望得真切，心里感慨不已，便打肩上拿了包下来，放搁桥边。自个儿也搁桥边坐下，点了一根烟，边抽着边望水泽洼滩，便想着了那一个古句，道是：沧浪之水清兮，可以濯吾缨；沧浪之水浊兮，可以濯吾足。如此想着，便去了鞋，把两只脚放到清白之水里，略略拍打了几下。那水有小小的流速，又甚是朴厚，叫人的脚有贴切的感受。不禁眯了眼望那广大的地域。望着时，正有两只放钩收鱼的小盆划过来，一只盆上是个壮汉，赤身露体，只拿一片裤头遮了体；一只盆上是个姑娘，也甚是结实，胳膊脸都叫日头弄得发黑、发亮。那两只盆直划过来，划在了水边，便停住。那壮汉停得近些，那姑娘停得远些，停住了便低头弯腰收拾线钩什么的。刘康望见了，禁不住便问："请问这位大哥，上炉桥可打这块走?""哪个炉（陆）桥?""定远炉桥。""一条路不下路，只顾走，到十棵大树底下，便到了。""那这河可是洛河?""正是洛河，南边这条叫洛河，北边这条叫青洛河，再往北还有个黄洛河，都不是打一块地方淌出来的。""怪不得便不一样。""那倒是。俺听庄里有年纪人讲，古时有两样东西，叫河图、洛书的，便是搁俺们洛河左近得了仙气，才做出来的。"刘康惊讶道："那可不得了。"又道，"那你家可是这左近的?"那姑娘锁着嘴，只顾呆了眼望刘康。那壮汉道："俺家便是这上头十棵大树底下的。""咋样叫十棵大树底下的?""便是俺们这块一个地名。”“那你家可淹了？”“俺们庄都淹了。”“那你家地可淹了？”“俺们家地都淹得砸蛋。俺们原先便是半种地半逮鱼的，现时便全靠了逮鱼。”“麻烦你这位大哥。”“麻烦啥子。”两人讲完，那渔夫、渔姑划着盆子又往水当间去了，相都极朴厚。刘康熄了烟，脚打水里出来，穿了鞋往路上去。再走时便全是往上坡去了，那岗顶老远不近，望都望不见垠的样子。才走十几步，听得远远的四轮机子响。忙抬头望时，望见岗坡外翻上来一台小四轮机子，却是往长丰陆桥方向去的，怕就是陆桥那些人讲的机子。正望时，那后头接二连三又翻过来一二十部机子，遥遥地打岗坡上下来，扬起甚大的一层烟幕，也很是壮观宏伟，况又是搁乡野的深里。刘康脚下走不动，便立在路边，仰着脸望下坡的机队。那些小四轮机子都是红色，打岗上长驱而下，嘭嘭嘭的排气声搁水滩洼地里扩大叠加，遥遥无止。刘康立住了望，望了一刻两刻，那领头的机子已到了脸前。机上是两个人，一个司机，一个跟车的，都叫日头晒成紫虾。那拖厢里拉的是一种暗紫色的碎粉样的物件，却不是沙子。机子嘭嘭嘭地过去了，后头接连跟上，都到了洼地滩间的平板桥南北，却拖拖拉拉地都停住。机上那些人，有男的，也有女的，都是青壮年模样，呼呼隆隆打机上蹦下来，一个个脏头灰脸，都蹦起一块烟尘来。蹦搁地上后，便又都往水边去，拿那两道河里的水洗脸洗手巾洗脚。有那洗得慢的，便慢慢去洗刷；有那洗得快的，便去平板桥边吃烟。刘康呆望了他们，望搁这时候，便走过去，随口道："你这都是打哪块来的？"那吃烟的几个人便回他道："打磷肥厂来的。""这车上拉的什么？""拉的硫酸渣。""拉这硫酸渣做什么用？""做什么都成，打砖、捶地、铺路，都能用。""那又是往什么地方拉哩？""往陆桥南乡拉。""你这都住哪个乡哩？""俺们都住十棵大树底下那左近，俺们家那屋都叫水冲得个精光。""那现时住搁哪块哩？""搁棚子里。""这一车能卖几个钱？""块把两块钱。""麻烦你这几位。""麻烦啥子。"刘康离了平板桥，又走搁路上。路尽往岗坡上头去，时高时低，时陡时缓。走了一时，也望不见什么路了，什么滩了，路、滩你挤我靠，时时成了一体。刘康漫行而去，时候也还早，才响午十一二点。日头渐狠，晒搁身上脸上，辣辣的。刘康又走一时，望见前头地里有一汪水，水浑浊泥污，水边有两棵指把粗的小树。沿水拿破网网了一圈，圈里圈了三十几只麻鸭跟两个七八岁十来岁的孩子，一是男孩，一是女孩。天象正搁午时，闷热渐起。那两个孩子，也没有什么地方去，也没有什么避日头的地方，便搁巴掌大的树荫底下耍。那破网圈里的地上，拿几根细棍，几把稻草，搭了一小片筷子高的平棚，能容下一二十只鸭子搁下头蹲。那些麻鸭，搁那一小汪浑水里，怕也是圈了多少日了，把汪里汪外、树左树右，都拉得屎腥尿臊。刘康便紧走几步，过去问道：“你这两位小老乡，你这鸭子可是自家养的?”那两个孩子抬起头来道：“便是自家养的。”“养了做什么？是养了吃了，还是养了卖了?”“养了生产自救。”“你两个搁这块地方，前不巴村后不巴店，吃什么？喝什么?”“俺娘过了晌午给俺们送吃的来。”刘康讲了几句，那气味熏得他吸不了气，便打包里拿出个软包装饮料来，道：“这个插了管子便能喝，你两个尝尝。”那两个孩子忙接了，也不会讲声谢谢，也不会讲声客气话，只顾呆了眼望刘康。刘康便折身走了，又往上头去了。再往上头去时，地渐宽坦，路也渐平直，行道树也渐稠密，路两边现出了大块农田。刘康心想：都讲十棵大树底下、十棵大树底下，这怕是快到十棵大树底下了。却惊奇那路边的大块农田，因现时农田都分到户了，如这般大，一眼望不到边的农田，便很少见了。路边渐又多了些牛、羊、孩童。愈往前走，牛、羊、人、板车、自行车愈多，倒像是逢着了什么集日，都忙忙乱乱的。刘康一时给搞迷了，便住了脚，立搁一棵树荫底下，把包扔在了地下，举目四处再望，这才望出个子丑来。望见那牛、那羊，都拴在路边啃草，啃得咔啦咔啦的，跟三两年没吃过草的样。那些孩童，大多在六七岁至十二三岁之间，也有不少大些的姑娘，十四五岁、十六七岁的样子，都搁大田里割青草，都匆匆忙忙地割，割了便抱来路边，堆搁一堆。那青草堆边都扔着些蛇皮袋子，蛇皮袋子是装青草使的。一大堆青草边上，便有个更小点的孩秧子坐着玩，也作了看草的用处。那大田里望不见边都是野草，野草间稀稀零零长着些黄豆秧、芝麻秆。刘康看了更觉惊奇，暗想道：这是什么地方？为什么有这样大的田地？又为什么有这样杂杂沓沓的孩童做这样杂沓的事？心想着，便挎了包，几步走入大田里去。那大田耕耙得倒很是细致，也没个边沿，野草茁茁地长成青葱无际。刘康寻见一个十四五岁的割草的丫头，开口道："这位大妹子，你这割草做啥哩？"那丫头头脸也都叫日头晒成黢黑，头发上都淌着汗，听见刘康问了，抬头道："喂牛呗。""你们这都是哪块来的？这左近也没见个庄子。""哪块来的都有。俺们打十棵大树底下来的。""这大田讲它是野地，它又不像野地；讲它是大田，又都长了野草，便是咋样回事？""这块便是青洛农场。再往前去，还有个黄洛农场，都叫水淹了的，也长不成什么庄稼，野草便疯长。""那你这一天割多少时候？""俺打天不亮来，直割到天黢黑。""那你一天能割多少斤？""俺一天能割好几百斤鲜草。""你家有几头牛、几只羊？""俺家就一头牛、两只羊。""那也够它几个吃的了。""它吃便搁这地里吃，俺割的草弄家里去晒，晒干了留它几个冬天吃。俺们那水大，牛草一斤都没收住，秋季又种不成什么庄稼。""麻烦你这位大妹子。""麻烦啥子。"刘康搁地里往前走，只见那一地人，都忙忙碌碌，似是抢那望不见的时间，情状甚是动人。往前一直走去，走出里把两里路，地里却就没有割草的孩童了，也见不上什么牛羊了，只隐约见一两个头戴草帽的大人，蹲搁地里、地头，不知做些什么。刘康心间又是一奇，望见路上一个半大女孩，骑着辆旧自行车，车后带了几蛇皮袋青草，正往北去，便过去捉住了，道："请问你这位大妹子，这地里草长得甚高，你们咋不上这块割?"那个答道："这块看住了，不给割。""麻烦你了。""麻烦啥子。"那半大女孩便上了车走了。刘康心想：这里头倒不知是什么缘故。又往前走，才走个三五百米，前头地势一洼，却现出个平淌河来，河水黄浊，水流极缓。一河岸都是青壮男女，都拿着大竹竿搁水里捞什么东西。那场景热热闹闹，也煞是壮观。刘康起脚走到水边，仔细望了一时，望见那河岸上，搁着无数个乡间的容器，有粪箕、草篮、搪瓷盆、畚箕、木桶等物，里头多多少少都盛了些颜色发暗的沙砾。那些青壮男女，也还有不少十二三岁、十三四岁的小孩子，都拿着一样物件，一根半粗的毛竹竿，一头绑着些黑乎乎的块状物，都搁水里戳来戳去。还有拿铁锨、竹篮，打河里往外捞沙子的，把沙捞搁岸上，便拿一样套搁手背上的木板什么做成的物件去搓。搓些时候，手里那物件便重厚了，便把那物件上的暗腥沙砾剥下来，剥搁粪箕子里头。那一河滩人，都拼命地干，也不讲多些话，都往死里干，身上都弄得跟猫猴子样，脏得不像个样子。刘康愈觉奇怪，又不知是做什么的，便寻了一个体力差些，正坐搁河滩上喘歇的中年农民，问道："麻烦这位师傅，请问这叫什么河？"那中年农民一脸皱纹，脸晒得发黑，正吃一根不带嘴的孬烟。那烟烧出来拿鼻子一闻，便闻见一股烟油子味。他那小腿跟脚都叫水泡得脱皮红烂，脓胀拉拉的，还有些大块的紫红疙瘩。听见刘康问了，那中年农民回道："叫黄洛河。""这些人都做什么的？戳来戳去？""捞铁砂的。""捞铁砂做什么？""卖钱。""卖给哪一个？""卖给铁厂。""卖给铁厂多少钱一斤？""毛把钱一斤。""那这块一个人一天能弄多少斤？""讲不准，好的能弄个三二十斤，孬的能弄个五七十来斤不错了，一天挣个块把两块钱，作个油盐钱。""这黄洛河原先便产铁砂？""原先不咋样产，上头发水，打山里冲下来的，冲到俺们这块。水淌得慢，水拖不动，便弃搁俺们这块。""你这都住哪块？""住十棵大树底下那左近，俺们也都是灾民，家都叫水给毁啦。""这块连半棵树也见不上，叫日头一晒一天，也受不住。""俺们也都是苦惯啦，那样多讲究。""麻烦你这位师傅。""麻烦啥子。"刘康打河沿走走望望，望了一气，打便桥上过去，便又往前头走了。适才的一切，便都留搁后头了。

刘康离了黄洛河，上坡下坡地往前走。此时有一两点钟，刘康肚里也有些饥了，嘴也有些渴了，便打包里拿了饼干来吃，拿了软包装饮料来喝。吃喝了一气，觉得好多了，便又往前走。走着时，望见前头地势又高了，庄稼也是零零散散地长着了，便想：这怕是要到十棵大树底下了，到十棵大树底下也便要到炉桥了。想着，便往那高处去。才走到一半，便望见一溜庵棚，搁高地上顺势蜿蜒而去，再往四处一望，才望见高处的左边，是一片大水，那高地是当了堤埂使唤的。刘康一时不知这是到了什么地方了，便往那堤埂上去。上了堤埂，打近处望那些庵棚，望得更真切。那都是什么样的庵棚？大多是拿塑料布做成的，拿些木片竹竿，打地上圈起个半人高的弧形，上头拿塑料片蒙住了，便成个窝；又有拿几根竹片，搁凉床上弯几道箍子，再搁箍子上蒙几片塑料布，成个窝的。刘康走至堤埂上，望见堤埂最外的塑料棚子处，坐了一个老婆婆，年岁也有六七十了，正光了膀子，露着黑瘪的双乳，搁那块淘米，便过去道："请问这位大娘，你现时淘米，怕是还没吃晌午饭。"那大娘望见刘康，张着无牙的嘴，一瘪一瘪地说："俺们乡下没个啥早晚，早便早一时，晚便晚一时。"刘康又道："你这都是哪块搬来住的？是搁哪块淹了的？"那大娘道："俺们便是下头滩地上的，俺那房都叫水闷搁底下啦。""你家粮可抢出来啦？""地里头那小麦，叫水冲个精光，原先搁家里存的粮，倒抢出来几麻袋。""你家也没伤着人呗？""人倒没伤着，俺家出来早些，政府叫出来，俺家赶紧就跑出来了。”“麻烦你大娘。”“麻烦啥子。”刘康又往前走，埂堤上庵棚连庵棚，有时连走道都给挤掉了。刘康边走边望，望见一个三四十岁的男人、一个十二三岁的丫头，正蹲搁地上上钩饵。那些钩、线是一大堆，湿漉漉的，堆搁一块塑料片上。另有两大碗半红半紫的蚯蚓，还有两个大黄盆，黄盆上都拿泥抹出来一堵泥壁。上钩时，便把活缠乱扭的蚯蚓，直穿搁钩上。穿好时，便把钩线勒在泥壁里。那一黄盆圈子，都是活缠死扭的红紫蚯蚓，甚是叫人肉麻。刘康便上前问道：“请问这位大哥，这钩安好便要逮鱼呗？”“便是逮鱼的家伙。”“一天能逮多少斤？”“哪能逮多少斤，三五斤、五七斤，撑死了。”刘康想：五七斤不知是什么样的鱼，要是三四块钱一斤的，那也可观。便问：“都逮着什么样鱼？”“都逮指把长的刀条子和小指长的鳊鱼，没什么头绪，十棵大树那集又卖得贱。”“卖得贱能卖多少钱一斤？”“刀条子便是块把钱一斤，小鳊鱼便是几毛钱论堆抓。”“你家怕也是滩地上叫水闷了的。”“俺家那是‘混合房’，上半截是土、草，下半截是砖，水上到土墙，上半截给泡倒了。俺们那块现时才现出房顶。”“麻烦你这位大哥。”“麻烦啥子。”刘康辞了那人，又往前走，才走到塑料棚后首，便见一个篾箩，里头摊晒着一层半截小指长的鳊鱼。那些鱼甚不咋样，倒是上头哄哄地叮着一群红头蝇子，蝇子比鱼还多。刘康举手一轰，那些红头蝇子，有往起飞的，噪声甚大，甚是怨恨；有懒洋洋扑扇几下膀子的；有装不知道沉住气动都不动的。刘康暗想：也不怕叫人打死？又想：打死便打死搁鱼身上了，便不能是这样一种打法。一时没有主意，摇摇头又往前走。前头有一家人正搁塑料棚外吃饭，一个五十来岁的女人、两个十几岁的孩秧子，还有个头裹毛巾的二十来岁的娘们。那娘们气色不甚好，有几分浮肿，穿了长裤长褂，规规正正地坐搁一棵人把高的刺槐树的树凉荫里，吃得也有几分困难。刘康走近些，望见那一家人吃的是米饭、咸萝卜干，便问道："请问这位大婶，你家也是湖边滩地上的？也叫水给闷啦？"那五十来岁的女人，把嘴打碗上抬起来，对刘康道："俺那地台子倒高些，水往下去，俺那屋地基露出来，俺们就家去住啦，住这块咋管?!"

"那你家损失怕也不大。""大不大俺现时倒讲不准，俺那门一锁俺都跑了，俺家里进了一人深水，怕没个囫囵物件啦。"刘康顿顿又讲："大热的天，这位大嫂咋捂个头巾？怕身体不甚好。"那少妇有些苍白的样子，那五十来岁的，望了她一眼，叹一口气，叹道："俺们这倒撵巧，俺儿媳妇正怀搁那几日，叫水一吓，吓出来了。夜间都喊水来啦水来啦，都爬起来跑，俺儿抱着孩子，搀着媳妇也往外跑，雨里水里跑搁堤埂上，才喘口气。天亮了，俺媳妇问俺儿：'孩哩?'俺儿说：'搁俺怀里头哩。’低头一看，怀里抱着个枕头。俺儿媳妇立时闭了气去。俺儿求人家的划盆，划到屋里一望，俺那孙孩叫水漂搁锅屋柴火上。淹倒没淹住他，硬叫冻死啦。”那少妇哇啦一声就哭，那五十来岁的女人，也吧嗒吧嗒抹眼。倒是她讲出来，讲给旁人听，心绪便能轻快些。刘康鼻子一酸，忙噎了口气回去，道：“这位大婶，这位大嫂，麻烦你两个了。”“没有啥子。”刘康打包里摸出几个足球巧克力弹，塞给那两个孩子，便转身又往前走。走过几家塑料棚，望见埂堤下的小泥洼子里，有两只白架子猪，架子甚是大，长嘴长腿长身子，一望便知是哪地方来的良种猪。那两头猪，显出甚是无忧无虑的样子，有力地哼着，一时打泥洼里站起来，个子老高，搁草地里拱几嘴，搁泥洼边转半圈；一时又扑通一声倒搁泥洼里，猪一样地享福。那埂堤上一个塑料棚里，正爬出几个人，一个六十来岁的瘦老头、一个六十来岁的女人、一个十七八岁的女孩子、一个十一二岁的男孩子，手里都拿着一竹竿子，竹竿子的一头捆了一个铁丝钩子，手里还拎着蛇皮袋。他们爬出来就往埂堤下走，刘康见了觉着稀奇，便张嘴问道：“请问这位大爷，你们这是做什么去？”那一家子听见刘康的问话，前前后后便都站住了。那六十来岁的瘦老头，回刘康道：“俺们上湖里捞蚂蚁菜去。”刘康又指着竹竿道：“便是拿这铁丝钩子捞？”“正是。”“捞蚂蚁菜做什么？”“捞蚂蚁菜喂猪。拿盐水煮透晒干，人也能吃。”“这两头猪便是你家喂的吧?”“俺家也就指望这两头猪啦，这两头猪还是外国种哩。俺们家上水时，俺这两头猪倒窜得快，先窜出来，没叫淹住。俺家房子粮食都叫水冲走啦。”“那你家现时吃什么?”“想点子凑呗，政府救济俺们几个，俺们腰里也还有几个。俺们再想想别的法子，糊弄着过呗。”“你家那地，现时是搁水里头还是搁水外头?”“现时还搁水里头。”“那庄稼什么时候能种哩?”“等水下去。”“水什么时候能下去?”“三两个月呗。”“那你家就得糊弄到明年夏秋，才能收种粮食，也急人哩。”“急？急又有什么用，俺们现时也不急。”“这左近还有亲戚呗?”“有两个，都搁岗地住，俺们也去借过两回了，再借也张不开嘴。”“那倒是。麻烦这位大爷。”“没有啥子。”刘康又往前走，走了几步，望见一个摊子，是拿一架凉床做成的。一架凉床，上头铺了张苇席，苇席上摆的尽是糕点烟酒。一个妇女，三十来岁，头发焦干，也没个油性，上身着一件男式背心，胸脯鼓得一大片，下身着一条花裤头，浑身上下都胖。那妇女一手玩着个半岁的孩子，一手拾掇几根青菜。凉床另一边，烧了一只煤球炉，上头一张锅，锅里头煮着什么，正冒热气。她跟她的这些物件，都搁一块塑料布底下。那塑料布拿四根竹竿撑着，大太阳底下，那热度也甚可以。刘康望见了，走过去望望，望了半刻，望出个规则来：那凉床上的物件，就没个中档、高档的，都是低档的便宜货。这倒容易理解：搁这块地方，也没半家子有余钱的。刘康望了一气，买了一盒火柴，顺口问道：“大嫂，你搁这块做生意，生意还好做呗?”那妇女一手忙事，一边答刘康道：“俺这哪叫做什么生意。俺原先倒是开个小店，上水时俺家拉了一车货出来，自个吃又舍不得，倒不如再做个摊子卖了，埂上人家也方便些。”“埂上人家怕也没几个闲钱，你这倒都是日常货。”“这倒讲不准啦，该有钱的照是大吃二喝，俺这块烟酒都卖得快；该哪个穷的，他到什么地方都穷。”刘康心里一震，也不知为什么，倒记着这话了。谢过大嫂，又顺着埂堤往前走。一路上望见那大大小小各式各样的塑料棚、帆布棚、泥草棚，都叫日头晒得发焦，那底下的人，都穿得甚少，都汗淋淋的。天候怕还得热些日子，这景象一时半会怕也换不了。刘康一路走，一路想，走了不短的时辰，过了五六百家棚子，才到一处宽敞些的地方。

那宽敞些的地方，却就显得整齐些、干净些。靠北并挨着搭了几顶苍绿色的帐篷，那几顶帐篷各有名堂，第一顶挂了个红纸牌子，叫作：十棵大树底下乡灾区医疗卫生点。打帐篷的门外望去，那里头有几张凉床，有一张桌子，还有些药具什么的。有几个男男女女，坐搁桌边讲话。第二顶帐篷门口，挂了两个红纸牌，一个叫：十棵大树底下乡灾民点办公室；另一个叫：十棵大树底下村民委员会灾民点办公室。第三顶帐篷也有个名称叫：治安办公室。第四顶帐篷叫：救灾物资接收分发办公室。第五处是个土坯墙，里头砌着茶炉子。搁空场子上长了一棵甚大的椿树，椿树上挂了个高音喇叭，树底下拿木板钉了个宣传栏，上头贴了两条标语，一个叫：村民委员会是人民政府联系村民的纽带和桥梁；另一个叫：贯彻《村民委员会组织法》，推进农村民主政治建设。还贴了两大张红纸，是分发救灾物资的一览表。刘康看了几行，便起步往灾民点办公室去。那帐篷门有些矮小，刘康低了头进去，望见里面有几架广播机子，有几个人。一个女孩子，二十来岁，长得不丑，还穿着条白裙子，搁这块地方也算是凤毛麟角；另几个男人，一个五十来岁，一个三十来岁，一个二十来岁，都是乡村干部的模样，穿得也整齐，各捧着一杯茶，一色的咖啡瓶。那几个人望见刘康进来，皆有些惊奇，一时也没反应过来，便都望住了刘康。刘康忙道："对不住各位，打扰一下，我是往炉桥去的，经过这里，看看，这是我的证件。"那三十来岁的接过去看了，看仔细了，忙站起来，把证件递给五十来岁的人看，嘴里道："刘记者，欢迎，欢迎，坐，坐。"那五十来岁的看了，又看仔细了，也忙站起来，跟刘康握手道："刘记者，欢迎，欢迎，你坐，你坐。"那二十多岁的自然也赶忙站起来，搬凳倒水。那个二十来岁的女孩子，不知是做什么事好，望见那几个都站起来了，自个不好坐着，便拎了个茶瓶出去了。几个人搁桌边坐下，那三十多岁的掏出一包本地的烟来，取出一支送给刘康，道："这位是乡里的耿乡长，这位是村里的宿会计。"耿乡长是那五十来岁的，宿会计是那二十来岁的。宿会计说："这是俺们乡的安秘书。"耿乡长说："刘记者这是往哪块去的?"刘康道："我是往炉桥去的，正打这块过，顺便就过来看看。听讲这块水三两个月也下不去。"耿乡长说："那至少得三两个月。俺们乡这些地方，洼，略上些水，滩地便淹了。今年水上得早、上得大，俺们乡叫水冲毁七百多间房子。这块是个灾民点，再往东去还有一个。""灾民点的吃住卫生事情很多吧?"耿乡长叹了口气："不好干。"他秘书插言道："搁基层啥都得管，吃饭拉屎都得管。"耿乡长说："刘记者，这些话俺们不该对你讲，搁基层干难哩，上头动动嘴，底下跑断腿。就这，你一点照顾不到，来信就捅到上头去啦。俺比方说，拿发救灾物资来说吧，上回来了十吨蜂窝煤，望着数目不小，一到底下，人多户众，咋分？不要钱的东西，哪个不想要？都是灾民，家里的柴火都叫水冲个精光，便平均摊，按受灾人数，分到行政村；行政村再分到村民小组；村民小组再分到户，有一家摊一块的，有两家摊一块的，你咋样弄?""咋样有一家摊一块的，有两家摊一块的?""有那家里人口多，便一家摊一块；有那家里人口少，便两家摊一块。”刘康拿着本子、笔记了。那耿乡长又讲：“这样平均摊倒也不是法子。受灾跟受灾不一样，有灾受得重的，有灾受得轻的；有当水口的，有浸漫的，情况甚复杂。便讲有一家子，这回上水，他家房子都冲毁了，讲起来，这便叫重灾户了吧，你分粮食、分东西、分钱，咋能没有了他家？却不知他家有个网鱼的技术，房子冲毁他也不要了，带两个孩子搁水口下网逮鱼。初上水时，那鱼都是鱼塘跑出来的，一天能逮一千多斤。拿到十棵大树底下，少讲也卖千把块钱，哪日也断不了吃酒吃肉。你再救济他，那还不是锦上添花？再讲啦，他也不稀罕那几个粮食。”抽口烟，耿乡长又讲，“平均摊不管，不平均摊也麻烦。俺再举个例子，俺们乡有户人家，有五个壮劳力，这回他家也上了水，也有点小损失。要讲不均摊，他家就没份了。他便讲啦：‘讲分东西不给俺，干活时找到俺啦，往后派工别跟俺讲。’他这讲的也是实情，水过之后，复堤修路，都得派壮劳力，你分东西不给他，干活找他，哪就能张开口。”耿乡长抽一口烟，又讲，“困难很多，可俺们工作也不能不干。俺们的要求就是：政策再讲深一些，工作再做细一些，思想再做通一些，党员带头、干部带头，不跟群众争钱物。其实讲起来，灾区的党员、干部，同时也是灾民。但是对党员、干部，就要有严格的规定。这个村的书记，他家也上水了。上水的时候，他家上有母，下有小，全家只他一个壮劳力。他硬是不回家，搁外头指挥群众撤退。后首背一个老年人上船，他的腿叫一根木桩戳烂了，高烧发炎，这几日才好些，他家的粮食也都叫水泡出芽子了。还有一个党员，妇女主任，她家是土房，都叫水泡倒了。她也不顾家，一夜背了五个老年人上高台子，都是五保户。后首十几天十几夜，她喂水烧饭，伺候老人，沾也没沾家——她现时也没个家了，家叫泡倒了，她丈夫孩子都住搁埂子上。”耿乡长又讲，“俺们宿会计也是村里的。”他望宿会计一眼，刘康对宿会计点了下头，“这回他家房子上水，他那房子是才盖了打算结婚的，房子叫泡歪了，他也没顾上去家。”“宿会计家现时住搁哪块？”“就住搁堤埂子上。”宿会计讲：“刘记者打南边过来，怕还打俺那棚子边上走过。”“是哪一家？”“是顶南头那一家。”“是那有个大娘的那一家？”“正是，那个便是俺娘。”“俺还跟她讲了几句话哩。”刘康把这些都搁本子上记了。记了一时，喝了些茶，抽了几根烟，天时已在下午四五点钟了，刘康便站起来告辞。耿乡长、安秘书、宿会计都站起来讲：“晚上搁这，吃口便饭。”刘康讲：“不啦，下午还得赶到炉桥。”几个乡村干部送刘康出去，拉着刘康的手讲：“下回来，多住两天。”刘康讲：“下回再来。”走到帐篷外，刘康讲：“到十棵大树底下，还有多远？”那几位乡村干部齐口同声地讲：“不远，几步路。”一齐送刘康，走了几步，耿乡长讲：“俺们这回可真是五湖四海了。”刘康讲：“咋叫五湖四海？”耿乡长讲：“你看，俺们住的帐篷是德国的，吃的大米是泰国的，吃的饼子是香港、广州的，打的针是科威特的，盖的毯子是巴基斯坦的，穿的衣服是北京、天津的，吃的大蒜、咸菜是山东的，这还不叫五湖四海？”几个人都笑。笑过了，也走搁堤边了。这会往西一望，望见宽展的水里，有个小孤台子，那台子上有高有低，高处的房子站搁水外头，低处的房子半截淹搁水里头。搭眼望去，有一处房子倒醒人眼目，那是四间一排的砖石楼板平房，因盖搁高处，房又盖得高，因之显眼。刘康随口问：“那是哪家的房子？”耿乡长说：“就是俺刚才讲的村书记家的。”刘康抬手望望表，讲：“没有时间了，要是有时间，很想去看看他哩。”耿乡长讲：“他现时还睡搁床上不能动，疼得咧嘴嚎。”又讲了几句话，刘康与几位村乡干部一一道了别，转身往北去了。

离了灾民点，地又宽荡无边了。刘康走了一时，望见路又渐往上去了，庄稼也又多了些了，树也多了些了，地势竟有些苍茫的味道了。时候已搁下午5点来钟。虽讲是夏令时，但季候却已立过秋了，热气便不再往上升，日头的焰气也不甚凶了，树也大了：一棵大楸树，枝繁叶茂，浓荫匝地，长搁田埂上。一切都是秋日的淳憨了。刘康觉着这季候和人事颇有些变化的奇怪意味。径直往前走，路都是往上头去的，也不知到了哪里，只管往前走。庄稼、植物和土地都熟厚。望见一个人来了，是牵着水牛的一个人。那个人把水牛牵到路边的水沟边，他就立住。刘康经过时问道："你这牛往哪块牵？""往沟里牵。""往沟里牵做啥？""往沟里牵爽凉，牛舒坦。"那水牛便下到水里。刘康又问："十棵大树底下还有多远？""过了前头那人便到。"刘康便往前走。路上尽铺了细沙，走起来很是好走。望见前头两个人，牵了两只大山羊，搁两棵大楸树底下歇歇。刘康上前问道："你们这羊往哪块牵？""散放。""散放做啥？""散放羊长膘快，又省粮草。"那两只山羊便拖了绳往有草的地方吃草去了。刘康又问："十棵大树底下还有多远？""过了前头那人便到。"刘康又往前走，走过一个荷花塘，望见三棵大楸树，塘里有三个人，正搁塘里捕鱼，便上前问道："这鱼逮了做啥？""自家吃。""自家吃了做啥？""吃了再搞生产。"那鱼便扔鱼篓里了。刘康又问："十棵大树底下还有多远？""过了前头那人便到。"刘康又往前走，走过一处庄子，庄子外头有四棵大楸树，甚是高大，庄里都是瓦房新屋，饭菜的香味也甚是浓烈。刘康望见有四个穿红着绿的小孩，正搁树底下玩耍，便上前问道："你们这是做的什么游戏？"那四个小孩正玩在兴头上，也顾不得理他。刘康正左右为难，那四个小孩却发一声喊，争先恐后地往庄里跑去，直跑搁一大丛美人蕉大红花后头不见了。刘康又往前走。走了一时，望见一队人马打岗子上下来，有人，有马，有驴，有牛，驴、马、牛都拉着一车一车的东西，有点浩浩荡荡的味道。刘康迎上前去问道："请问各位老乡，这都拉的是什么东西?""拉的柴火、干牛粪，都是烧锅的家伙。""都往哪块拉?""往灾区拉。""哪个叫拉的?""乡里乡亲，俺们自愿的。要是哪个强逼俺拉，俺还偏不拉哩。""多少钱一斤?""屁钱不要一个，喝口水，认个乡邻，俺们便回啦。"人马过去，刘康又往前走。走了一时，望见几个大人小人，赶着一帮大驴小驴，搁路边草地散放。那驴群少讲也有三五十头，都是活勃勃、鲜亮亮的。刘康走上前问道："请问各位老乡，这群驴毛色也不一样，大小也不一样，品性气色也不一样。有喜欢撒欢的，有喜欢独个吃草的，有神态憨厚的，有相貌机灵的，这怕不是一家的驴。"那几个大人小人道："这驴都是灾区的，养不起，俺们先帮替养一阵，再送回去。"刘康讲："是哪个叫帮养的?"那几个大人小人道："俺们自个愿意的，俺们也有求人家的时候。要是哪个强逼俺养，俺还偏不养哩。"刘康又往前走，走了甚远，望见前头隐隐现了些大烟筒、楼房出来。又望见一个干部模样的，骑了个自行车过来，便冒昧地拦了那人，问道："请问，到十棵大树底下还有多远？前头那怕就是了。"那干部模样的，平平静静地讲："十棵大树底下，你已是走过了，前头那便是炉桥。"刘康谢了那人，又往前走，这才觉出路上已不甚洁净了，尘土甚多，喧嚣亦甚。他这会多少也累了、渴了，便想：赶紧到炉桥，弄个房间歇歇。脚底下不由就快了。

写于 1992 年 8 月 17 日至 9 月 4 日